Luder Gracia

Lumière de l'Aube : Révélation de l'Espérance Chrétienne

AF307265

Luder Gracia

Lumière de l'Aube : Révélation de l'Espérance Chrétienne

De la nuit de l'angoisse à la lumière de l'espérance chrétienne

Éditions Croix du Salut

Imprint

Any brand names and product names mentioned in this book are subject to trademark, brand or patent protection and are trademarks or registered trademarks of their respective holders. The use of brand names, product names, common names, trade names, product descriptions etc. even without a particular marking in this work is in no way to be construed to mean that such names may be regarded as unrestricted in respect of trademark and brand protection legislation and could thus be used by anyone.

Cover image: www.ingimage.com

Publisher:
Éditions Croix du Salut
is a trademark of
Dodo Books Indian Ocean Ltd. and OmniScriptum S.R.L publishing group

120 High Road, East Finchley, London, N2 9ED, United Kingdom
Str. Armeneasca 28/1, office 1, Chisinau MD-2012, Republic of Moldova, Europe
Managing Directors: Ieva Konstantinova, Victoria Ursu
info@omniscriptum.com

Printed at: see last page
ISBN: 978-3-330-70713-9

Table des Matières

Avant-Propos

L'espérance chrétienne constitue l'un des fondements les plus profonds de la foi chrétienne, offrant à chaque croyant une lumière dans les moments d'incertitude et de difficulté. Ce livre, **_Lumière de l'Aube : Révélation de l'Espérance Chrétienne,_** se propose d'explorer en profondeur ce concept essentiel, en dévoilant sa richesse et sa portée à la lumière des Écritures et de la tradition chrétienne.

À travers une étude rigoureuse et une réflexion éclairée, nous aspirons à éclairer la manière dont cette espérance se manifeste dans la vie des individus et des communautés chrétiennes. En nous appuyant sur les enseignements bibliques et les témoignages historiques, nous cherchons à offrir une vision claire et inspirante de cette espérance qui transcende les épreuves et guide vers un avenir de promesse et de rédemption.

Ce livre est destiné à tous ceux qui désirent non seulement approfondir leur compréhension de l'espérance chrétienne , mais aussi à ceux qui cherchent des réponses aux questions les plus pressantes de leur existence. Dans un monde où tristesse, angoisse et désolation semple souvent prévaloir **_, Lumière de l'Aube : Révélation de L'Espérance Chrétienne_** vous invite à découvrir une source inépuisable de réconfort et de renouvellement. Que ces pages deviennent pour vous un phare dans l'obscurité , guidant votre cœur et votre esprit vers une paix durable et une joie véritable.

Préface

L'espérance est une force puissante. Elle nous porte, nous soutient, et nous guide à travers les tempêtes de la vie. C'est l'étincelle divine qui éclaire nos chemins obscurs, nous rappelant constamment que, peu importe les circonstances, il y a toujours une lumière à l'horizon.

En tant que chrétiens, notre espérance est profondément enracinée dans la personne de Jésus-Christ. Elle n'est pas fondée sur des souhaits incertains ou des rêves passagers, mais sur la solide assurance des promesses de Dieu. Dans un monde souvent marqué par l'incertitude, la douleur et les défis, l'espérance chrétienne se distingue par sa certitude et sa constance.

Ce livre, *"Lumière de l'Aube : Révélation de l'Espérance Chrétienne"*, est né d'un désir de partager cette espérance inébranlable. Il s'adresse à tous ceux qui cherchent à comprendre la profondeur de l'espérance que nous avons en Christ, à ceux qui traversent des moments difficiles et qui ont besoin d'un rappel de la fidélité de Dieu, et à ceux qui désirent vivre une vie pleine de sens, ancrée dans la vérité des Écritures.

Mon souhait est que, à travers ces pages, vous puissiez découvrir ou redécouvrir la beauté et la puissance de l'espérance chrétienne. Qu'elle soit pour vous, comme elle l'est pour moi, une source inépuisable de réconfort, de force, et de joie.

Introduction

L'espérance. Un mot simple, mais riche de significations profondes. Il évoque des images de lumière perçant les ténèbres, de renouveau après la tempête, et de promesses en attente d'accomplissement. Mais qu'est-ce que l'espérance, véritablement, et pourquoi revêt-elle une telle importance dans la vie chrétienne ?

Dans les Écritures, l'espérance va bien au-delà d'un simple sentiment ou d'un désir pour l'avenir. Elle est une conviction ferme et inébranlable que Dieu accomplira tout ce qu'il a promis. Cette espérance est décrite comme une ancre pour l'âme, selon l'auteur de l'épître aux Hébreux (Hébreux 6:19). Elle est la force qui nous maintient stables et sûrs, même lorsque les vagues de la vie menacent de nous submerger.

Au fil des pages de ce livre, nous allons explorer ensemble les multiples dimensions de l'espérance chrétienne. Nous découvrirons en quoi elle se distingue des espoirs ordinaires, comment elle puise sa source en Dieu, et comment elle transforme notre existence. Nous plongerons dans les Écritures pour comprendre comment les héros de la foi ont puisé dans cette espérance pour traverser les épreuves les plus difficiles. Nous examinerons également comment l'espérance chrétienne peut devenir une lumière pour ceux qui nous entourent, et comment elle nous pousse à vivre avec courage et assurance, même dans un monde marqué par l'incertitude.

Mon souhait est simple : vous encourager à saisir cette espérance de tout votre cœur, à la faire vôtre, et à la laisser guider chaque aspect de votre vie. Car l'espérance chrétienne n'est pas une simple idée, ni un concept abstrait ; elle est une réalité vivante, une force qui transforme tout.

Bienvenue dans ce voyage vers la lumière de l'aube. Que ce livre vous inspire à voir, à croire, et à vivre pleinement l'espérance qui est en Christ.

Comprendre l'Espérance Chrétienne

Chapitre 1

Qu'est-ce que l'espérance chrétienne ?

1.1 Définition biblique de l'espérance

L'espérance chrétienne se dresse comme un phare lumineux, une lumière inébranlable dans l'obscurité des incertitudes humaines, guidant l'âme vers des rivages sûrs. Ce n'est pas une simple aspiration, un désir vagabond qui vacille au gré des vents changeants de la vie, mais une assurance profonde et solide, une ancre spirituelle enfoncée dans les profondeurs insondables de la promesse divine. Cette espérance, loin d'être une illusion passagère, est enracinée dans la fidélité éternelle de Dieu, Celui dont la parole ne faillit jamais. *En Hébreux 11:1, la foi est décrite comme "une ferme assurance des choses qu'on espère, une démonstration de celles qu'on ne voit pas".* Cette définition met en lumière l'interconnexion intime entre foi et espérance, où l'une soutient et éclaire l'autre. L'espérance chrétienne, alors, n'est pas un vœu pieux, mais une certitude éclairée, une attente nourrie par la conviction que Dieu, dans Sa bonté infinie, accomplira infailliblement tout ce qu'Il a promis. Elle transcende les limites de l'entendement humain, invitant les croyants à ne pas seulement regarder le visible, mais à contempler l'invisible avec les yeux de la foi. C'est une espérance qui ne se laisse pas troubler par les tempêtes de la vie, car elle sait que même au cœur du chaos, le Dieu souverain demeure fidèle à Ses promesses.

L'espérance chrétienne est donc bien plus qu'une simple aspiration. C'est une anticipation vivante, vibrante, qui surgit de la révélation divine. Enracinée dans les Écritures, elle est nourrie par la connaissance de Dieu et par l'expérience de Sa bonté. Elle est l'écho de la voix de Dieu dans l'âme, affirmant que tout ce qui est promis sera accompli en Son temps parfait. Cette espérance, loin d'être passive, est active et vivante, car elle pousse le croyant à marcher avec persévérance vers le but céleste, fortifié par la conviction que celui qui a commencé en eux cette bonne œuvre la mènera à bien.

Ainsi, l'espérance chrétienne est la lumière qui illumine le chemin du croyant, une force qui transcende les réalités visibles pour s'ancrer dans l'éternité. Elle est le pont entre le présent et l'avenir promis par Dieu, un avenir certain et glorieux, qui éclaire chaque pas du croyant, même dans les moments les plus sombres. C'est une espérance qui ne trompe point, car elle est scellée par la fidélité de Dieu, Celui qui a dit et qui fera, Celui qui promet et qui accomplit.

L'espérance chrétienne est donc, en essence, une confiance absolue en Dieu, une assurance qui transforme chaque difficulté en occasion d'espérance, chaque défi en opportunité de voir la main puissante de Dieu à l'œuvre. Elle est la manifestation d'une foi vivante, une conviction qui ne se contente pas de désirer le bien, mais qui sait, avec une certitude inébranlable, que le bien est déjà en marche, car Dieu est fidèle et Ses promesses sont vraies.

1.2 L'espérance vs l'espoir : Quelle différence ?

À première vue, les termes "espoir" et "espérance" pourraient sembler interchangeables, mais une analyse plus approfondie révèle des distinctions profondes et fondamentales entre les deux concepts. L'espoir, tel qu'il est couramment compris dans une perspective séculière, représente une aspiration humaine vers un avenir incertain. C'est un sentiment, un souhait projeté dans l'inconnu, souvent motivé par des désirs personnels ou des besoins immédiats. L'espoir, par sa nature, est marqué par une fragilité inhérente ; il oscille au gré des circonstances, exposé aux vents capricieux des événements de la vie. Comme l'exprime *Ecclésiaste 9:4 : "Pour tous ceux qui vivent, il y a de l'espoir; même un chien vivant vaut mieux qu'un lion mort."* Un espoir déçu peut entraîner la désillusion, car il repose sur des fondations incertaines, souvent dépendantes des réalités terrestres et du contrôle limité que l'homme peut exercer sur son destin.

En revanche, l'espérance chrétienne transcende cette incertitude. Elle n'est pas simplement un vœu pieux ou un sentiment fugace, mais une conviction profonde, enracinée dans la foi en un Dieu vivant et actif dans l'histoire humaine. Là où l'espoir se nourrit de désirs et de probabilités, l'espérance chrétienne s'ancre dans la certitude des promesses divines. Cette espérance n'est pas façonnée par les circonstances mondaines, mais par la révélation de la vérité éternelle contenue dans les Écritures. *Romains 5:5 l'affirme clairement : "Or, l'espérance ne trompe point, parce que l'amour de Dieu est répandu dans nos cœurs par le Saint-Esprit qui nous a été donné."* Elle se fonde sur la connaissance inébranlable que Dieu, dans sa sagesse et sa bonté infinie, accomplit toujours ce qu'il a promis.

Cette espérance n'est pas une simple attente passive, mais une force dynamique qui transforme la vie du croyant. Elle procure une vision claire et persévérante, permettant de traverser les tempêtes de l'existence avec une assurance inaltérable. Contrairement à l'espoir, qui peut être ébranlé par les revers et les échecs, l'espérance chrétienne demeure intacte, même au cœur de l'adversité. Elle est un phare lumineux, guidant l'âme dans les moments de ténèbres, rappelant constamment que les épreuves présentes ne sont que temporaires et qu'une gloire éternelle attend ceux qui persistent dans la foi.

Ainsi, l'espérance chrétienne devient une source de courage et de consolation, transformant l'incertitude en assurance, le désespoir en joie, et les attentes terrestres en promesses célestes. Là où l'espoir regarde vers l'avenir avec des doutes, l'espérance chrétienne fixe son regard sur l'éternité avec confiance, convaincue que chaque promesse de Dieu sera pleinement réalisée en son temps.

1.3 Les promesses divines comme fondement de l'espérance

Les promesses divines, telles des piliers sacrés, soutiennent l'édifice de l'espérance chrétienne avec une solidité inégalée. Elles ne se contentent pas de servir de vaines assurances ou de rêves évanescents ; elles incarnent l'essence même de la fidélité divine, enracinée dans la nature éternelle de Dieu. Ces engagements célestes, comme l'indique le verset de *2 Pierre 1:4 : "Par lesquelles nous ont été données les plus grandes et les plus précieuses promesses, afin que par elles vous deveniez participants de la nature divine,"* ne sont pas de simples paroles éphémères, mais des invitations sacrées à participer à la divinité.

Dans le vaste théâtre de la vie, ces promesses s'élèvent comme des phares lumineux, offrant une lumière constante aux âmes en quête de certitude. Elles érigent un pont indestructible entre la foi immédiate et l'espérance future, ancrant le croyant dans une conviction inébranlable. L'auteur de l'Épître aux Hébreux nous exhorte *: "Retenons fermement la confession de notre espérance, car celui qui a fait la promesse est fidèle"* (*Hébreux 10:23*). Cette fidélité divine est la clé de voûte qui permet aux chrétiens de naviguer à travers les tempêtes de la vie avec une confiance inébranlable.

Le modèle d'Abraham, illustré dans Romains 4:20-21, en est un témoignage puissant : sa foi dans les promesses de Dieu n'a pas vacillé malgré les défis apparents, car il croyait que "celui qui avait promis est puissant pour accomplir." Abraham incarne la persévérance d'une foi qui s'appuie non sur les circonstances, mais sur l'immuabilité de l'engagement divin.

Les promesses divines se projettent aussi dans une perspective eschatologique, illuminant la vision d'un avenir glorieux où l'accomplissement ultime des engagements de Dieu sera pleinement révélé. En 2 Corinthiens 1:20, nous trouvons cette affirmation majestueuse : *"Car toutes les promesses de Dieu sont en lui 'Oui', et en lui 'Amen', pour la gloire de Dieu par nous."* Ce passage exalte la certitude absolue que chaque promesse divine trouve son achèvement en Christ, offrant ainsi une garantie transcendante de leur réalisation.

En somme, les promesses divines sont les fondations sur lesquelles repose l'espérance chrétienne, érigeant une structure immuable entre la foi présente et les bénédictions futures. Elles apportent aux croyants une assurance inébranlable, les invitant à maintenir leur confiance en Dieu à travers les vicissitudes de la vie, en étant certains que les engagements divins seront pleinement accomplis.

Comprendre l'Espérance Chrétienne

Chapitre 2

Les sources de l'espérance

2.1 L'espérance en Dieu

L'espérance en Dieu est une force vive qui transcende les limites de l'existence humaine. Elle n'est pas une simple attente passive ou un désir vague d'amélioration; elle est, au contraire, une confiance ferme et inébranlable en la fidélité de Dieu. Cette espérance découle non seulement des promesses Divines, mais aussi de la nature même de Dieu, qui est immuable, juste, et éternellement bon.

Dans l'espérance en Dieu, l'âme trouve un refuge sûr, un port abrité contre les tempêtes de la vie. Comme une ancre qui pénètre au-delà du voile, elle s'enracine dans les réalités célestes, attachant l'âme à la promesse d'une vie éternelle avec le Créateur. Cette espérance est une lumière qui éclaire les ténèbres, un flambeau qui guide les pas du croyant à travers les vallées de l'ombre et de la mort.

Elle est nourrie par la Parole de Dieu, qui est vivante et agissante. Chaque promesse divine est comme une étoile dans la nuit, illuminant le chemin du pèlerin. Elle donne un sens et un but à l'existence, élevant l'âme au-dessus des épreuves et des tribulations terrestres pour la fixer sur les réalités éternelles.

L'espérance en Dieu est l'assurance que, malgré les apparences contraires, Dieu demeure au contrôle, que son plan s'accomplira en son temps parfait. Elle est le chant silencieux de l'âme, une mélodie douce qui murmure aux cœurs brisés que l'aube est proche, que la nuit ne durera pas éternellement. Dieu, dans sa souveraineté et sa bienveillance infinies, est la source de toute espérance, car Il est fidèle à ses promesses et ses desseins ne faillissent jamais.Comme le Psalmiste l'a écrit : *« Oui, mon âme, trouve ton repos en Dieu, car mon espérance vient de lui » (Psaume 62:6).* Cette espérance n'est pas une simple attente d'événements futurs incertains, mais une conviction profonde et inébranlable que ce que Dieu a promis, Il l'accomplira. C'est une espérance qui se renouvelle chaque matin, à l'image de la miséricorde divine qui est toujours nouvelle.

Ainsi, l'espérance en Dieu est l'étoffe même de la foi chrétienne, tissée de la certitude des choses à venir, enracinée dans la révélation divine, et étayée par l'expérience quotidienne de la grâce. Elle ne faillit jamais, car elle est fondée sur Celui qui ne change pas, le Dieu éternel, dont les desseins sont parfaits et dont les voies sont justes.

2.3 L'espérance en Christ

L'espérance en Christ est une flamme vive qui consume les doutes et dissipe les ténèbres de l'âme. Elle est l'éclat radieux de la gloire céleste, un éclat qui ne s'éteint jamais et qui s'intensifie à mesure que l'on contemple la majesté du Fils de Dieu. Cette espérance, loin d'être une simple attente, est une certitude profonde, enracinée dans la personne du Christ ressuscité, le Rocher inébranlable sur lequel se bâtit la foi des croyants.

En Christ, l'espérance prend une dimension transcendante. Elle n'est pas un vœu pieux ni une anticipation incertaine, mais une réalité déjà commencée, une promesse vivante qui s'accomplit dans le quotidien du croyant. Elle est comme une lumière perçante qui éclaire chaque pas sur le chemin de la vie, guidant avec assurance vers la destinée éternelle. Chaque parole de Christ, chaque acte, est une manifestation de cette espérance. Son ministère terrestre, couronné par la résurrection, est la preuve irréfutable que l'espérance en lui est une espérance qui ne sera jamais confondue. Comme l'apôtre Pierre l'écrit : « *Béni soit Dieu, le Père de notre Seigneur Jésus-Christ ! Dans sa grande miséricorde, il nous a fait naître de nouveau à une espérance vivante par la résurrection de Jésus-Christ d'entre les morts* » (1 Pierre 1:3)

L'espérance en Christ n'est pas simplement un regard tourné vers l'avenir; elle est une communion vivante avec le Ressuscité. Elle transforme la vie présente, imbuant chaque instant de sens et de profondeur. Par elle, les épreuves sont transcendées, car elle ouvre la perspective de la gloire à venir, une gloire ineffable que l'œil n'a point vue, que l'oreille n'a point entendue, et qui dépasse tout ce que le cœur humain peut concevoir.

Cette espérance est comme un fleuve d'eau vive qui jaillit du trône de Dieu et de l'Agneau, apportant vie, guérison, et restauration à tout ce qu'elle touche. Elle est une source intarissable de joie, de paix, et de force, car elle repose sur l'assurance que Christ est victorieux, qu'il règne souverainement, et que rien ne peut séparer le croyant de son amour. Elle est le souffle même de la foi, une force qui revitalise et qui renouvelle sans cesse, portant l'âme vers de nouveaux sommets de grâce et de communion avec le Divin.

En contemplant Christ, l'espérance grandit et se déploie, telle une aube éclatante qui annonce le jour parfait. Elle est le témoignage vibrant de la fidélité de Dieu manifestée en Christ, le Verbe incarné, le Premier-né d'entre les morts, celui en qui toutes les promesses de Dieu sont "oui" et "amen". Elle est une espérance qui donne des ailes à la foi, qui pousse l'âme à s'élever au-dessus des tumultes du monde, à embrasser avec hardiesse la vie nouvelle en Christ, et à marcher avec assurance vers l'accomplissement des desseins divins.

Ainsi, l'espérance en Christ est le joyau le plus précieux de l'héritage chrétien, une espérance inaltérable, une espérance glorieuse, une espérance qui se tient ferme non pas parce qu'elle est ancrée dans ce monde, mais parce qu'elle est enracinée dans les cieux, là où Christ, assis à la droite de la Majesté divine, attend le jour où il viendra parachever son œuvre, dans la plénitude de la gloire et de la puissance.

2.4 L'espérance en le Saint-Esprit

Le Saint-Esprit, don de Dieu pour ceux qui croient, est le garant et le sceau de l'espérance chrétienne. Il est Celui qui habite en nous, qui éclaire notre esprit et fortifie notre cœur. Par le Saint-Esprit, l'espérance n'est pas seulement un concept théologique, mais une réalité vécue au quotidien. Il nous rappelle les promesses de Dieu, Il nous console dans les moments de détresse, et Il nous remplit d'une joie et d'une paix surnaturelles, même au milieu des tribulations. L'apôtre Paul souligne cette œuvre puissante en écrivant : *« Que le Dieu de l'espérance vous remplisse de toute joie et de toute paix dans la foi, pour que vous abondiez en espérance, par la puissance du Saint-Esprit »* (Romains 15:13). Ainsi, l'espérance chrétienne est vivifiée, nourrie et assurée par l'action continuelle de l'Esprit en nous, nous conduisant chaque jour à une communion plus profonde avec le Dieu de l'espérance.

L'espérance en le Saint-Esprit est une espérance dynamique et vivifiante, une source perpétuelle de vie qui irrigue l'âme du croyant et la pousse vers une communion toujours plus profonde avec Dieu. Cette espérance est le souffle même de l'Esprit de Dieu, une énergie divine qui renouvelle sans cesse l'âme, la transformant à l'image du Christ, et l'amenant à participer aux mystères insondables du royaume de Dieu.

Le Saint-Esprit, envoyé par le Père et le Fils, est l'accomplissement de la promesse divine, le Consolateur, l'Esprit de vérité qui guide les croyants dans toute la vérité. En lui, l'espérance prend une dimension nouvelle, celle d'une transformation intérieure continue, une sanctification progressive qui conduit l'âme vers la pleine stature du Christ. Il est le garant de notre héritage céleste, l'empreinte divine scellée dans le cœur des croyants, témoignant de leur appartenance éternelle à Dieu.

Cette espérance en le Saint-Esprit n'est pas statique; elle est une force motrice qui propulse l'âme vers des horizons nouveaux, vers une compréhension toujours plus profonde des mystères divins. Elle est comme un vent impétueux qui souffle sur les eaux de l'existence humaine, apportant renouveau, puissance, et direction. Le Saint-Esprit, dans sa sagesse infinie, éclaire les Écritures, révélant les trésors cachés de la Parole de Dieu et nourrissant l'espérance du croyant par des révélations divines qui transcendent l'entendement humain.

 En lui, l'espérance se fait visionnaire, anticipant avec certitude la manifestation des promesses divines dans le temps et l'éternité. Elle est comme un feu intérieur qui consume les scories du doute et de la peur, purifiant l'âme et la rendant prête pour les œuvres bonnes préparées d'avance par Dieu. Le Saint-Esprit est celui qui fortifie l'espérance, la rendant inébranlable face aux tempêtes de la vie. Il est l'Esprit de résurrection, celui qui a ressuscité Jésus d'entre les morts, et qui, par cette même puissance, vivifie les corps mortels des croyants, les ressuscitant à une vie nouvelle et glorieuse.

 L'espérance en le Saint-Esprit est aussi une espérance d'accomplissement, car il est l'agent par lequel les desseins de Dieu se réalisent dans le monde et dans l'Église. Par lui, les promesses de Dieu deviennent tangibles, vécues au quotidien, non pas comme des réalités lointaines, mais comme des expériences présentes et vivantes. Il est l'Esprit de révélation qui dévoile les mystères du royaume, qui illumine les yeux du cœur pour que les croyants puissent voir la richesse de l'héritage que Dieu leur réserve et la grandeur incompréhensible de sa puissance agissante en eux.

Ainsi, l'espérance en le Saint-Esprit est une espérance riche, abondante, une espérance qui déborde de vie, de puissance, et de gloire. Elle est le sceau de l'alliance nouvelle, l'assurance que Dieu est à l'œuvre dans le monde, accomplissant son dessein éternel par le moyen de son Esprit.

Cette espérance est un fleuve de vie qui ne tarit jamais, une source intarissable de consolation, de direction, et de force pour ceux qui marchent selon l'Esprit. Elle est une lumière qui éclaire les ténèbres, un guide sûr dans les sentiers de la justice, et une assurance que le Dieu qui a commencé cette œuvre en nous la mènera à son terme pour la gloire de son nom.

Chapitre 3

Les symboles de l'espérance dans la Bible

3.1 L'arc-en-ciel : Symbole d'une promesse

L'arc-en-ciel, écharpe lumineuse déployée à travers les cieux après la tempête, est bien plus qu'un simple phénomène météorologique ; il est l'emblème d'une promesse divine, un signe de l'alliance perpétuelle entre Dieu et l'humanité. Après le déluge qui avait anéanti toute vie sauf celle préservée dans l'arche, Dieu, dans sa compassion infinie, a offert un symbole pour rappeler à chaque génération que sa miséricorde triomphe du jugement. L'arc-en-ciel, ce pont de couleurs entre ciel et terre, témoigne de l'engagement Divin : *« Je mets mon arc dans la nue, et il servira de signe d'alliance entre moi et la terre »* (Genèse 9:13).

Cet arc, tendu entre les extrémités de l'horizon, évoque l'idée d'un pacte éternel, une déclaration silencieuse mais éclatante que, même dans la furie des éléments, la fidélité de Dieu demeure inébranlable. Chaque goutte de pluie qui reflète la lumière solaire pour former ce spectacle resplendissant est une prière silencieuse, un rappel à l'âme de l'homme que, malgré les épreuves et les souffrances, l'espérance ne doit jamais s'éteindre. En se reflétant dans le ciel, l'arc-en-ciel unit le spirituel au terrestre, le transcendant au temporel, rappelant que la promesse de Dieu est aussi sûre que l'arc-en-ciel est visible après l'orage. Ainsi, il devient un symbole vivant de l'espérance en un avenir où la justice et la paix s'embrasseront, et où les larmes du passé seront essuyées à jamais.

3.2 L'ancre : Stabiliser notre foi

L'ancre, ce symbole de constance et de sécurité, a traversé les âges comme une image de l'espérance inébranlable qui enracine la foi du croyant dans les vérités éternelles de Dieu. Dans l'Antiquité, lorsque les marins étaient confrontés à la fureur des mers, c'était l'ancre qui les reliait à la sécurité, empêchant leur navire d'être emporté par les courants imprévisibles et les vents déchaînés. Cette ancre, fixée solidement au fond de l'océan, est l'image parfaite de l'espérance chrétienne, une espérance qui pénètre « au-delà du voile » (Hébreux 6:19), dans le sanctuaire même de la présence divine.

Dans les tempêtes de la vie, lorsque les vagues du doute, du désespoir et de la tentation menacent de submerger l'âme, c'est l'espérance qui agit comme une ancre, assurant que la foi ne dérive pas vers les récifs de l'incertitude. L'ancre représente plus qu'une simple assurance de sécurité ; elle symbolise une dépendance totale envers Dieu, une confiance que, même lorsque nous ne voyons pas le chemin devant nous, Dieu tient fermement les cordages de notre destinée. En se maintenant dans l'espérance, l'homme de foi refuse de céder aux forces adverses, trouvant sa stabilité non pas dans les circonstances changeantes de ce monde, mais dans la fidélité éternelle de Dieu, qui est immuable.

Cette ancre, plongée dans les profondeurs insondables de la foi, est le lien entre l'homme et le Divin, entre l'éphémère et l'éternel. Elle nous rappelle que, même lorsque tout semble perdu, lorsque le monde autour de nous vacille, l'espérance en Dieu nous tient fermement, nous empêche de sombrer, et nous guide avec assurance vers le port tranquille du repos divin. Ainsi, l'ancre devient non seulement un symbole de sécurité, mais une métaphore vivante de la force tranquille de l'espérance qui stabilise l'âme et lui permet de persévérer jusqu'au bout.

3.3 La lumière : L'espérance dans les ténèbres

La lumière, essence première de la création, est le symbole par excellence de l'espérance dans les ténèbres. Dès les premiers mots du livre de la Genèse, *« Que la lumière soit » (Genèse 1:3),* la lumière émerge comme la première victoire du Divin sur le chaos primordial, marquant le commencement de l'ordre et de la vie. À travers les Écritures, la lumière est continuellement associée à la présence de Dieu, à sa guidance et à son intervention salvatrice dans un monde souvent enveloppé de ténèbres.

La lumière, dans sa nature même, ne se contente pas de repousser l'obscurité ; elle éclaire le chemin, révèle la vérité, et offre une vision renouvelée dans des situations de confusion et de peur. Lorsqu'il est question de ténèbres spirituelles, ces ombres où l'âme se débat, c'est la lumière divine qui vient dissiper les illusions et éclairer l'âme d'une espérance nouvelle. Jésus-Christ, désigné comme « la lumière du monde » (Jean 8:12), incarne cette espérance vivante, une lumière qui brille dans les ténèbres et que les ténèbres ne peuvent étouffer. Il est écrit dans l'Évangile selon Jean : *« Cette lumière était la véritable lumière, qui en venant dans le monde, éclaire tout homme* » (Jean 1:9).

Lorsque les ténèbres semblent envahir l'horizon et que l'avenir paraît obscurci par les nuages de la désolation, la lumière de l'espérance continue de briller avec une intensité inébranlable. Dans les moments les plus sombres de l'histoire humaine, lorsque la détresse semble l'emporter et que les épreuves semblent interminables, cette lumière guide ceux qui cherchent, réchauffe ceux qui sont refroidis par le désespoir, et illumine le cœur des croyants. La lumière divine ne se contente pas de baliser le chemin, mais elle fournit également la chaleur réconfortante d'une promesse de rédemption.

Les Écritures nous rappellent que, même dans les ténèbres les plus profondes, la lumière de Dieu reste constante. Comme il est écrit dans le *Psaume 119:105* : « *Ta parole est une lampe à mes pieds, et une lumière sur mon sentier.* » Cette lumière est le gage que l'espérance chrétienne transcende les circonstances, qu'elle illumine non seulement notre présent mais aussi notre avenir, nous portant vers la réalisation ultime de la gloire divine. Elle est la flamme éternelle qui éclaire le chemin du pèlerin, transformant chaque ombre en une promesse de renaissance et de gloire. En effet, « *les ténèbres doivent se dissiper devant la lumière de la vérité, et l'espérance naît au cœur de ceux qui attendent la venue du jour* » (2 Pierre 1:19).

Ainsi, dans les moments de crise et d'incertitude, la lumière divine demeure la constante source d'espoir, guidant les âmes vers la paix et la plénitude que seul le divin peut offrir. Elle transcende les ténèbres et assure que, malgré les défis et les souffrances, l'espérance chrétienne reste un phare inébranlable dans la nuit la plus noire.

Chapitre 4

L'espérance dans les temps de difficulté

4.1 Persévérance dans l'épreuve

La persévérance dans l'épreuve représente l'essence même de l'espérance chrétienne, une lumière brillante dans les ténèbres des défis les plus profonds. Quand les vents contraires de la vie soufflent avec une force impitoyable, secouant les fondations mêmes de notre foi, c'est précisément dans ces moments de turbulence que l'espérance, ancrée en Christ, prend toute sa dimension. Il est facile de céder à la tentation de se laisser submerger par la désespérance lorsque les vagues des difficultés s'abattent sans relâche sur notre existence. Cependant, la Bible nous exhorte à adopter une perspective radicalement différente, une perspective qui voit dans l'épreuve non pas une fin en soi, mais une opportunité de croissance spirituelle et de maturité dans la foi.

La persévérance comme fruit de l'espérance : un processus de transformation spirituelle

L'apôtre Paul, dans son épître aux Romains, esquisse avec une sagesse divine le chemin de la persévérance qui mène à une espérance inébranlab*le : « Nous nous glorifions même des afflictions, sachant que l'affliction produit la persévérance, la persévérance produit la victoire dans l'épreuve, et cette victoire produit l'espérance. Or, l'espérance ne trompe point, parce que l'amour de Dieu est répandu dans nos cœurs par le Saint-Esprit » (Romains 5:3-5).* Ce passage ne se contente pas de relater une simple séquence d'événements ; il dévoile un processus de transformation spirituelle par lequel l'âme chrétienne, en traversant le feu des épreuves, émerge plus forte, purifiée, et pleine d'une espérance vive qui transcende les circonstances.

L'affliction, loin d'être une cause de désespoir, est ici perçue comme le terreau fertile où germe la persévérance. C'est à travers le creuset des difficultés que le croyant apprend à développer une endurance qui ne se contente pas de survivre aux tempêtes, mais qui, au contraire, en tire une force nouvelle. Cette persévérance est la marque d'une foi mûre, qui ne se laisse pas ébranler par les vents changeants de l'existence, mais qui, solidement enracinée dans les promesses de Dieu, reste ferme et inébranlable. Et cette persévérance, loin d'être une fin en soi, produit à son tour une espérance plus robuste, une espérance qui ne déçoit pas, car elle est soutenue par l'amour indéfectible de Dieu.

L'exemple de Job : une fidélité inébranlable au cœur de l'adversité

L'histoire de Job, telle qu'elle est relatée dans les Écritures, demeure l'un des témoignages les plus poignants de persévérance dans l'épreuve. Job, un homme de justice et de piété, se trouve soudainement dépouillé de tout ce qui faisait la richesse de sa vie : ses biens, ses enfants, et même sa santé. Pourtant, malgré l'accumulation de ces malheurs, Job refuse de renier sa foi en Dieu. Sa déclaration retentissante, *« Je sais que mon rédempteur est vivant, et qu'il se lèvera le dernier sur la terre » (Job 19:25)*, incarne une espérance inébranlable, une confiance profonde dans le Dieu qui, même dans le silence et l'apparente absence, demeure fidèle à ses promesses.

Job ne possède aucune certitude visible quant à l'issue de ses souffrances. Il ne voit pas encore le jour de sa délivrance, et pourtant, il proclame avec force que son rédempteur est vivant. Cette conviction, cette espérance indomptable, est le fruit d'une persévérance qui ne se laisse pas abattre par les épreuves visibles. Job illustre ainsi une foi qui, bien que plongée dans la nuit la plus sombre, regarde au-delà des apparences et s'accroche à la réalité invisible de la fidélité divine. Son exemple nous rappelle que la persévérance dans l'épreuve n'est pas simplement une question de tenir bon, mais de s'accrocher fermement à la promesse divine, même quand tout semble perdu.

L'apôtre Jacques et l'épreuve de la foi : la joie dans la souffrance

L'apôtre Jacques, dans son épître, nous invite à adopter une attitude encore plus audacieuse face aux épreuves : *« Mes frères, regardez comme un sujet de joie complète les diverses épreuves auxquelles vous pouvez être exposés, sachant que l'épreuve de votre foi produit la persévérance. Mais il faut que la persévérance accomplisse parfaitement son œuvre, afin que vous soyez parfaits et accomplis, sans faillir en rien »* (Jacques 1:2-4). Ces paroles semblent paradoxales, voire provocantes. Comment, en effet, peut-on trouver de la joie dans la souffrance ? Pourtant, Jacques nous révèle que les épreuves, loin d'être des obstacles à éviter, sont en réalité des instruments entre les mains de Dieu, utilisés pour façonner notre caractère et nous conduire à une maturité spirituelle.

La joie dont parle Jacques n'est pas une joie superficielle, une simple réaction émotionnelle face à la souffrance. Il s'agit plutôt d'une joie profonde, enracinée dans la compréhension que les épreuves, bien qu'elles soient douloureuses, servent un but plus grand dans le plan divin. Elles produisent en nous la persévérance, cette qualité précieuse qui nous permet de rester fermes dans notre foi, même lorsque les circonstances sont contraires. Et cette persévérance, lorsqu'elle est pleinement développée, nous conduit à une perfection spirituelle, à une maturité où l'espérance en Dieu devient notre réponse naturelle face aux défis de la vie.

La persévérance dans les souffrances : une attente patiente et confiante

La persévérance, selon les Écritures, est également une expression de notre confiance inébranlable dans les promesses de Dieu. Paul, dans son épître aux Romains, déclare : *« Nous sommes sauvés en espérance. Or, l'espérance qu'on voit n'est plus espérance : ce qu'on voit, peut-on l'espérer encore ? Mais si nous espérons ce que nous ne voyons pas, nous l'attendons avec persévérance »* (Romains 8:24-25). Cette espérance, bien qu'invisible, est une réalité vivante qui soutient le croyant dans les moments de doute et d'incertitude. Elle est le fil conducteur qui nous relie à la promesse divine, nous permettant d'attendre patiemment l'accomplissement de cette promesse, même lorsque tout semble indiquer le contraire.

Les souffrances présentes, bien que réelles et parfois accablantes, sont ainsi transformées par l'espérance en une préparation pour une gloire à venir. Pierre, dans sa première épître, nous exhorte à *« nous réjouir dans les épreuves, car la persévérance de notre foi est plus précieuse que l'or périssable, même éprouvé par le feu, afin qu'elle ait pour résultat la louange, la gloire et l'honneur lors de la révélation de Jésus-Christ » (1 Pierre 1:6-7).* Les épreuves, lorsqu'elles sont endurées avec persévérance, deviennent des occasions de témoignage, des moments où la gloire de Dieu se manifeste de manière éclatante dans la vie du croyant.

En somme, la persévérance dans l'épreuve est bien plus qu'une simple résistance passive face aux difficultés ; elle est une démonstration vibrante et active de l'espérance chrétienne. Cette persévérance, fruit d'une foi vivante, ne se contente pas de supporter les tempêtes de la vie, mais les transcende, les utilisant comme des occasions pour renforcer notre confiance en Dieu et affirmer notre espérance en ses promesses. Par la persévérance, les croyants découvrent que les épreuves ne sont pas des obstacles insurmontables, mais des moyens divins pour purifier leur foi, fortifier leur espérance, et magnifier la fidélité de Dieu. C'est dans l'épreuve que l'espérance chrétienne brille de tout son éclat, grandissant à mesure que la persévérance s'affermit, et que la promesse divine se révèle dans toute sa splendeur. Ainsi, la persévérance n'est pas simplement un devoir, mais un privilège, une invitation à participer à l'œuvre de Dieu dans nos vies, à travers les chemins parfois difficiles, mais toujours éclairés par la lumière de l'espérance éternelle en Christ.

4.2 L'espérance en la résurrection

L'espérance en la résurrection est le joyau éclatant au cœur de la foi chrétienne, une promesse sublime qui transcende le simple concept de vie après la mort pour s'enraciner dans la victoire triomphale du Christ sur la mort elle-même. Elle est le flambeau qui guide l'âme en des temps d'obscurité, illuminant le chemin qui mène de la vallée de l'ombre à l'éclatante lumière de la vie éternelle.

La résurrection du Christ, événement central et pivot de l'histoire de l'humanité, est l'ancre immuable de cette espérance. L'apôtre Paul, dans son épître aux Corinthiens, proclame avec une force inébranlable *: « Or, si Christ n'est pas ressuscité, votre foi est vaine, vous êtes encore dans vos péchés » (1 Corinthiens 15:17).* En effet, c'est dans cette résurrection glorieuse que se trouve le fondement indéfectible de la foi chrétienne, une espérance vivante et active qui transcende les limitations de la condition humaine.

L'espérance en la résurrection n'est pas une simple consolation pour les âmes affligées par la perte ou la douleur. Elle est une affirmation audacieuse que la mort n'a pas le dernier mot, que le tombeau n'est pas la fin, mais plutôt le commencement d'une existence renouvelée, purifiée, et glorifiée. Jésus lui-même, dans un moment de révélation divine à Marthe, déclare : *« Je suis la résurrection et la vie. Celui qui croit en moi vivra, quand même il serait mort »* (Jean 11:25). Ces paroles transcendent le temps et l'espace, offrant une certitude invincible à ceux qui osent croire en l'invisible.

La résurrection promet non seulement une continuité de l'existence, mais une transformation radicale, une métamorphose où le corps mortel revêt l'immortalité. L'apôtre Paul, dans un souffle d'éloquence inspirée, dépeint ce mystère avec des termes d'une puissance inégalée : *« En un instant, en un clin d'œil, au son de la dernière trompette. La trompette sonnera, et les morts ressusciteront incorruptibles, et nous, nous serons changés »* (1 Corinthiens 15:52). Ce changement, cette glorification, est la manifestation suprême de l'espérance chrétienne en la résurrection.

Cette espérance, loin d'être une illusion ou un vœu pieux, est enracinée dans la réalité historique du Christ ressuscité et s'épanouit dans la promesse divine d'une vie éternelle. C'est une espérance qui porte l'âme au-delà des afflictions terrestres, l'élevant vers les hauteurs célestes où l'agonie se dissipe, où la souffrance cède la place à la gloire.

Ainsi, l'espérance en la résurrection devient la flamme ardente qui réchauffe le cœur des croyants, une lumière qui jamais ne vacille, même au milieu des ténèbres les plus profondes. Elle est le souffle de vie qui infuse la foi d'une force inébranlable, rappelant constamment que, comme l'apôtre Pierre l'écrit, *« nous sommes régénérés pour une espérance vivante par la résurrection de Jésus-Christ d'entre les morts »* (1 Pierre 1:3).

L'Espérance en la résurrection n'est pas seulement une doctrine, mais une réalité vivante, une promesse éternelle gravée dans les cieux, assurée par le sang de l'Agneau et scellée par l'Esprit de vérité. Elle est l'espérance qui soutient l'âme dans les tempêtes de la vie, qui console dans la douleur, et qui, en fin de compte, triomphe de la mort elle-même pour entrer dans la gloire éternelle.

4.3 Témoignage de foi et d'espérance

Le témoignage de foi et d'espérance est une pierre angulaire de la vie chrétienne, un reflet vivant de l'œuvre divine dans l'âme humaine. À travers les âges, ces témoignages se sont dressés comme des monuments spirituels, édifiant et inspirant les générations futures. Ils ne sont pas simplement des récits personnels, mais des déclarations universelles de la puissance et de la fidélité de Dieu, des proclamations qui transcendent les époques, les cultures, et les circonstances.

L'histoire de Joseph, fils de Jacob, est emblématique de ce que signifie vivre avec foi et espérance en des temps d'adversité. Jeté dans une fosse par ses frères jaloux, vendu comme esclave, et emmené en Égypte, Joseph aurait pu voir ses rêves s'effondrer. Pourtant, même dans la maison de Potiphar, où il servait comme esclave, sa foi et son intégrité brillèrent si intensément qu'il fut promu à une position de confiance. Cependant, lorsque la femme de Potiphar l'accusa faussement, Joseph se retrouva une fois de plus au plus bas, jeté dans les ténèbres d'une prison égyptienne. C'est dans ces circonstances apparemment désespérées que la lumière de l'espérance de Joseph brilla le plus fort. Il ne céda ni à l'amertume, ni au désespoir, mais demeura fidèle à son Dieu. Sa capacité à interpréter les songes, don divin qui ne l'avait jamais quitté, le conduisit finalement devant Pharaon lui-même. En un jour, Joseph passa de la prison au palais, de l'obscurité à la lumière, pour devenir le second de l'empire égyptien. Son témoignage est un témoignage éclatant que même dans les moments les plus sombres, Dieu est à l'œuvre, et que son plan se réalise toujours en son temps. *« Vous aviez médité de me faire du mal : Dieu l'a changé en bien, pour accomplir ce qui arrive aujourd'hui, pour sauver la vie à un peuple nombreux » (Genèse 50:20)* – ces mots de Joseph résument la puissance de l'espérance en Dieu, une espérance qui transforme le mal en bien, la tragédie en triomphe.

Considérons aussi l'exemple d'Élie, ce prophète au cœur brûlant pour Dieu, qui affronta l'iniquité de son temps avec un courage inébranlable. Sur le Mont Carmel, il défia les prophètes de Baal, et, à travers sa prière fervente, il invoqua le feu du ciel pour consommer le sacrifice, démontrant ainsi que Yahweh était le seul vrai Dieu (1 Rois 18:36-39). Pourtant, même ce prophète intrépide connut des moments de profond découragement. Après cette victoire spectaculaire, Élie fut menacé de mort par la reine Jézabel et s'enfuit pour sauver sa vie. Isolé dans le désert, épuisé et en proie au désespoir, Élie demanda à Dieu de prendre sa vie, croyant que sa mission avait échoué

(1 Rois 19:4). Mais Dieu, dans sa miséricorde infinie, ne laissa pas son serviteur dans cet état. Il lui envoya un ange pour le nourrir et le réconforter, puis lui parla d'une voix douce et tranquille, lui révélant qu'il n'était pas seul, et que sept mille hommes en Israël n'avaient pas fléchi les genoux devant Baal (1 Rois 19:18). Ce moment de restauration est une leçon puissante pour tous ceux qui traversent des périodes de doute et de fatigue spirituelle. Le témoignage d'Élie nous rappelle que, même lorsque nous atteignons le bout de nos forces, Dieu est là, prêt à renouveler notre espérance et à nous montrer que son plan dépasse nos compréhensions humaines.

Le Nouveau Testament nous offre également de nombreux témoignages de foi et d'espérance qui transcendent les limites du temps et de l'espace. L'apôtre Paul, par exemple, est un modèle de foi inébranlable en dépit de circonstances désespérées. Enchaîné dans une prison romaine, confronté à la perspective de la mort, Paul écrivit aux Philippiens des paroles qui résonnent encore aujourd'hui : *« Je sais vivre dans l'humiliation, et je sais vivre dans l'abondance. En tout et partout, j'ai appris à être rassasié et à avoir faim, à être dans l'abondance et à être dans la disette. Je puis tout par celui qui me fortifie »* (Philippiens 4:12-13). Paul ne niait pas la réalité de sa situation difficile, mais il voyait au-delà de ses chaînes physiques pour saisir la liberté spirituelle qui lui était accordée en Christ. Son espérance n'était pas liée à sa délivrance terrestre, mais à la promesse éternelle de Dieu. Cette espérance le soutenait, même dans les moments les plus sombres, et l'inspirait à continuer à proclamer l'Évangile avec audace, sachant que *« notre légère affliction du moment présent produit pour nous, au-delà de toute mesure, un poids éternel de gloire »* (2 Corinthiens 4:17).

Les premiers chrétiens, eux aussi, ont laissé un héritage de foi et d'espérance qui continue d'inspirer l'Église aujourd'hui. Vivant sous la menace constante de persécution, ces croyants refusaient de renier leur foi, même face à la mort. Ils comprenaient que leur espérance n'était pas de ce monde, mais reposait dans la résurrection de Jésus-Christ et dans l'assurance de la vie éternelle. Polycarpe, évêque de Smyrne et disciple de l'apôtre Jean, est un exemple frappant de cette foi indomptable. À l'âge de quatre-vingt-six ans, lorsqu'on lui demanda de renier Christ pour sauver sa vie, il répondit : « Il y a quatre-vingt-six ans que je le sers, et il ne m'a fait aucun mal. Comment pourrais-je blasphémer mon Roi, celui qui m'a sauvé ? » Avec ces mots, il scella son témoignage de foi et d'espérance par le martyre. Son courage et sa fidélité sont des témoignages vivants de la puissance de l'espérance chrétienne, une espérance qui surmonte même la peur de la mort.

Enfin, le témoignage de foi et d'espérance ne se limite pas aux figures bibliques ou aux héros de l'Église primitive. Il se manifeste encore aujourd'hui, dans la vie de chaque croyant qui, malgré les épreuves et les tribulations, choisit de tenir ferme dans la foi. Chaque prière murmurée dans la solitude, chaque acte de bonté envers ceux qui souffrent, chaque parole d'encouragement partagée, est un témoignage de l'espérance vivante qui habite en nous. Comme l'écrit l'apôtre Pierre : *« Soyez toujours prêts à vous défendre avec douceur et respect, devant quiconque vous demande raison de l'espérance qui est en vous »* (1 Pierre 3:15). Cette exhortation est un rappel que notre espérance n'est pas seulement pour nous-mêmes, mais qu'elle est destinée à être partagée, à être un phare pour ceux qui sont encore dans les ténèbres.

Ainsi, le témoignage de foi et d'espérance est une flamme vivante qui ne cesse de briller, même dans les moments les plus sombres. Il transcende les époques, défie les circonstances, et annonce au monde entier que notre espérance est ferme et inébranlable, car elle est fondée sur la fidélité de Dieu et sur la victoire de Jésus-Christ sur la mort. En portant ce témoignage, nous proclamons avec assurance que, quelles que soient les épreuves que nous traversons, *« l'espérance ne trompe point, parce que l'amour de Dieu est répandu dans nos cœurs par le Saint-Esprit qui nous a été donné »* (Romains 5:5). C'est cette espérance qui nous soutient, qui nous guide, et qui, finalement, nous conduit à la gloire éternelle en Christ.

Chapitre 5

L'espérance comme source de joie

5.1 La joie dans la promesse de la vie éternelle

La promesse de la vie éternelle est l'une des vérités les plus exaltantes et profondes que la foi chrétienne offre à l'humanité. Elle constitue non seulement un pilier central de la doctrine chrétienne, mais également une source de réconfort inégalé et de joie profonde pour ceux qui croient. La vie éternelle n'est pas simplement une idée théologique abstraite ; elle est une réalité palpable qui transforme radicalement la manière dont un chrétien perçoit son existence terrestre, ses épreuves et ses aspirations.

Lorsque nous parlons de la promesse de la vie éternelle, il est crucial de comprendre qu'elle ne se limite pas à une prolongation indéfinie de la vie telle que nous la connaissons. Au contraire, la vie éternelle évoque une qualité de vie supérieure, une existence en pleine communion avec Dieu, dans une dimension où la douleur, la souffrance, et la mort sont totalement absentes. C'est cette assurance qui génère une joie indescriptible dans le cœur du croyant, une joie qui ne dépend pas des circonstances présentes, mais qui trouve sa source dans la fidélité inébranlable de Dieu.

Dans les Évangiles, Jésus parle souvent de la vie éternelle comme étant une connaissance intime de Dieu et de lui-même, le Fils envoyé pour révéler le Père au monde. *« Or, la vie éternelle, c'est qu'ils te connaissent, toi, le seul vrai Dieu, et celui que tu as envoyé, Jésus-Christ » (Jean 17:3)*. Cette connaissance va au-delà d'une simple compréhension intellectuelle ; elle implique une relation vivante et transformative, où le croyant expérimente l'amour de Dieu de manière directe et personnelle. C'est cette relation qui infuse la vie éternelle d'une joie inégalée, une joie qui commence dès le moment où l'on met sa foi en Christ et qui ne cesse de croître au fil du temps, culminant dans l'éternité.

L'espérance de la vie éternelle donne également un sens et une direction aux luttes et aux défis de la vie présente. Paul, dans son épître aux Corinthiens, déclare avec une certitude résolue *: « Car notre légère affliction du moment présent produit pour nous, au-delà de toute mesure, un poids éternel de gloire » (2 Corinthiens 4:17)*. Ici, l'apôtre souligne que les difficultés de la vie, aussi pesantes soient-elles, ne sont que temporaires et ne sont rien en comparaison de la gloire qui attend les fidèles dans l'éternité. Cette perspective transforme la souffrance en une occasion de croissance spirituelle et de raffermissement de la foi, ce qui, paradoxalement, engendre une joie profonde. Cette joie n'est pas une simple réaction émotionnelle, mais une réponse spirituelle à la réalité de l'espérance chrétienne.

En outre, la promesse de la vie éternelle n'est pas seulement une espérance pour l'avenir ; elle impacte la manière dont les croyants vivent aujourd'hui. Ceux qui ont cette espérance sont appelés à vivre en nouveauté de vie, sachant que leur citoyenneté est dans les cieux (Philippiens 3:20). Cette certitude que la vie véritable commence ici et maintenant, en Christ, inspire une vie de sainteté, de service, et de dévotion. La joie que procure la promesse de la vie éternelle n'est donc pas une simple anticipation de ce qui est à venir, mais une expérience actuelle qui imprègne chaque aspect de la vie du croyant.

La communauté chrétienne joue un rôle essentiel dans la cultivation et l'expression de cette joie. L'Église, en tant que corps de Christ, est appelée à être un avant-goût du royaume à venir, un lieu où la joie de l'espérance éternelle est vécue et partagée. Les sacrements, tels que le baptême et l'eucharistie, sont des moyens par lesquels cette espérance est symbolisée et actualisée dans la vie du croyant. Le baptême, en particulier, est une entrée dans la vie éternelle, une renaissance spirituelle qui marque le début d'une nouvelle existence en Christ. L'eucharistie, quant à elle, est une anticipation du banquet céleste, une communion avec le Christ ressuscité qui nourrit l'espérance de la vie éternelle. Ainsi, la joie dans la promesse de la vie éternelle est non seulement une réalité personnelle, mais aussi communautaire, renforcée et célébrée au sein de l'Église.

Enfin, il est important de souligner que la promesse de la vie éternelle offre un réconfort incomparable face à la mort. Pour ceux qui sont en Christ, la mort n'est plus une fin terrifiante, mais un passage vers une existence bien plus glorieuse. *« Pour moi, vivre c'est Christ, et mourir m'est un gain » (Philippiens 1:21)*, écrit Paul, exprimant ainsi la profonde conviction que la mort est une porte vers la plénitude de la vie en Dieu. Cette perspective transforme la manière dont les chrétiens abordent la fin de la vie terrestre, non pas avec peur, mais avec une espérance joyeuse et une anticipation confiante de la résurrection et de la vie éternelle.

En somme, la joie dans la promesse de la vie éternelle est une réalité qui transcende le temps et l'espace, une force qui soutient le croyant dans les moments les plus sombres et illumine son chemin vers l'avenir glorieux que Dieu a préparé pour ceux qui l'aiment. Cette joie est une réponse au don gratuit de la grâce de Dieu, une anticipation de la plénitude de la vie en sa présence, et une célébration de la victoire de Christ sur la mort. Elle est à la fois un héritage actuel et une promesse future, un trésor que le croyant porte en lui tout au long de son pèlerinage terrestre, en attendant avec impatience le jour où la foi se changera en vision, et où la vie éternelle, dans toute sa splendeur, sera pleinement réalisée.

5.2 L'espérance qui surmonte le désespoir

L'espérance chrétienne brille le plus intensément au milieu des ténèbres du désespoir, telle une étoile au cœur de la nuit la plus sombre. Elle n'est pas une simple pensée réconfortante ou un vague optimisme ; elle est une force divine, enracinée dans les promesses immuables de Dieu, qui transcende les réalités les plus accablantes de la vie humaine. Lorsque l'âme est écrasée par la douleur, que les circonstances semblent insurmontables, et que l'avenir paraît sans issue, c'est alors que l'espérance en Dieu se révèle comme une ancre inébranlable, tenant ferme et assurée au-delà du voile (Hébreux 6:19).

Dans les Écritures, nous trouvons de nombreux exemples de personnes qui, confrontées au désespoir le plus profond, ont trouvé en Dieu une source d'espérance inépuisable. Le roi David, dans ses psaumes, exprime souvent des sentiments de désespoir, mais toujours il se tourne vers l'espérance en Dieu : *« Pourquoi t'abats-tu, mon âme, et gémis-tu au-dedans de moi ? Espère en Dieu, car je le louerai encore ; Il est mon salut et mon Dieu »* (Psaume 42:6). Cette réorientation de l'âme, qui choisit de se tourner vers Dieu malgré la douleur et l'obscurité, est au cœur de l'espérance chrétienne.

L'espérance qui surmonte le désespoir n'est pas une évasion des réalités difficiles, mais un engagement à croire que Dieu est plus grand que toutes les forces qui s'opposent à nous. Dans les moments de grande détresse, lorsque tout semble perdu, l'espérance offre une vision plus large, celle de la fidélité et de la souveraineté de Dieu. L'apôtre Paul, lui-même souvent accablé par les souffrances, écrit : *« Nous sommes pressés de toute manière, mais non réduits à l'extrémité ; dans la détresse, mais non dans le désespoir ; persécutés, mais non abandonnés ; abattus, mais non perdus »* (2 Corinthiens 4:8-9). Paul reconnaît la réalité des épreuves, mais refuse de succomber au désespoir, car son espérance est fermement ancrée en Dieu.

L'espérance chrétienne est également une espérance active, qui appelle à l'action même dans les circonstances les plus désespérées. Elle nous pousse à persévérer, à ne pas abandonner, même lorsque tout semble indiquer que la situation est sans espoir. C'est l'espérance qui a soutenu les martyrs à travers les siècles, leur donnant la force de tenir ferme dans la foi, même face à la mort. Comme l'écrit Paul aux Romains : *« Or, l'espérance ne trompe point, parce que l'amour de Dieu est répandu dans nos cœurs par le Saint-Esprit qui nous a été donné »* (Romains 5:5). Cette espérance, imprégnée de l'amour de Dieu, ne faillit jamais et ne déçoit jamais, car elle est enracinée dans le caractère inébranlable de Dieu.

Dans les moments de désespoir, il peut sembler que Dieu est loin, ou que ses promesses ne se réaliseront jamais. Cependant, l'espérance chrétienne nous rappelle que Dieu est toujours présent, même lorsque nous ne pouvons pas le voir ou le sentir. *« Car je connais les projets que j'ai formés sur vous, dit l'Éternel, projets de paix et non de malheur, afin de vous donner un avenir et de l'espérance »* (Jérémie 29:11). Ces paroles du prophète Jérémie, adressées à un peuple en exil, résonnent encore aujourd'hui pour tous ceux qui se sentent perdus et abandonnés. Elles nous rappellent que, même dans les situations les plus sombres, Dieu a un plan, et ce plan est rempli d'espérance.

L'espérance qui surmonte le désespoir est aussi une espérance collective, une force qui soutient non seulement l'individu, mais aussi la communauté de foi. Lorsque l'un des membres souffre, c'est toute la communauté qui est appelée à porter ce fardeau avec lui, renforçant ainsi l'espérance collective. Comme l'écrit Paul aux Galates : *« Portez les fardeaux les uns des autres, et vous accomplirez ainsi la loi de Christ »* (Galates 6:2). Cette solidarité dans l'espérance est un témoignage puissant de la manière dont Dieu travaille au sein de son peuple pour apporter réconfort et guérison.

En conclusion, l'espérance chrétienne est la lumière qui perce l'obscurité du désespoir, rappelant à chacun que, peu importe la profondeur de la vallée ou l'intensité de la tempête, Dieu est avec nous, et ses promesses sont certaines. Elle n'est pas une simple consolation, mais une certitude inébranlable que Dieu transformera toutes choses pour le bien de ceux qui l'aiment (Romains 8:28). Dans cette espérance, nous trouvons non seulement la force de surmonter le désespoir, mais aussi la puissance de vivre chaque jour avec une confiance renouvelée dans le Seigneur, qui est notre rocher et notre salut.

5.3 Cultiver la joie quotidienne à travers L'espérance

La quête de la joie, dans le tumulte des réalités quotidiennes, est un défi auquel chaque être humain est confronté. Nous vivons dans un monde où les circonstances peuvent changer en un instant, où la stabilité semble souvent insaisissable, et où les cœurs sont fréquemment accablés par les difficultés de la vie. Pourtant, au cœur même de cette volatilité, la foi chrétienne nous offre une ressource inestimable : l'espérance. Cette espérance, loin d'être une simple aspiration ou un vague souhait, est une conviction ferme, une anticipation certaine des promesses divines, enracinée dans la fidélité inébranlable de Dieu. Elle est la clé qui ouvre la porte à une joie qui transcende les circonstances, une joie qui peut être cultivée et nourrie chaque jour.

L'espérance chrétienne est une source de joie parce qu'elle est vivante et dynamique. Elle n'est pas figée dans le passé, mais elle est constamment renouvelée par la présence active de l'Esprit Saint dans nos vies. Cette espérance nous propulse vers l'avant, nous portant au-delà des réalités présentes vers l'accomplissement des promesses divines. L'apôtre Paul, dans sa lettre aux Romains, nous encourage à être *« joyeux dans l'espérance » (Romains 12:12)*, soulignant ainsi le lien indissociable entre l'espérance et la joie. La joie dont parle Paul n'est pas une simple réaction émotionnelle aux bonnes nouvelles ou aux circonstances favorables, mais une attitude de l'âme, ancrée dans la certitude que Dieu est fidèle à Ses promesses.

La joie, dans la perspective chrétienne, ne peut être pleinement comprise sans l'espérance. L'espérance, fondée sur la résurrection de Jésus-Christ, est ce qui donne à la joie chrétienne sa profondeur et sa permanence. Comme l'affirme l'apôtre Pierre, nous avons été régénérés *« pour une espérance vivante par la résurrection de Jésus-Christ d'entre les morts » (1 Pierre 1:3)*. Cette espérance vivante est le socle sur lequel repose notre joie quotidienne. Elle nous rappelle que, malgré les défis que nous rencontrons, la victoire finale est déjà remportée en Christ. C'est cette victoire, cette assurance que rien ne peut nous séparer de l'amour de Dieu (Romains 8:38-39), qui nourrit notre joie, jour après jour.

La joie quotidienne que nous cultivons à travers l'espérance se manifeste d'abord dans notre manière de percevoir et de vivre les épreuves. L'espérance chrétienne nous donne une perspective nouvelle, une vision du monde éclairée par la vérité des Écritures. Ce qui pourrait être perçu comme une tragédie ou un obstacle insurmontable devient, à la lumière de l'espérance, une occasion de grandir en foi et en confiance en Dieu. Jacques, dans son épître, nous exhorte à *« considérer comme un sujet de joie complète les diverses épreuves que vous pouvez rencontrer » (Jacques 1:2-3)*, non pas parce que les épreuves sont agréables en elles-mêmes, mais parce qu'elles produisent la persévérance et renforcent notre foi. Cette perspective transforme notre vie quotidienne, en faisant de chaque difficulté une opportunité pour approfondir notre relation avec Dieu et pour expérimenter Sa fidélité.

En plus de changer notre perspective sur les épreuves, la joie tirée de l'espérance se nourrit de la Parole de Dieu. Les Écritures sont un trésor inépuisable de promesses divines qui soutiennent notre espérance et nourrissent notre joie. Le psalmiste déclare : *« Les ordres de l'Éternel sont droits, ils réjouissent le cœur » (Psaume 19:9)*. Chaque fois que nous nous plongeons dans la Parole de Dieu, nous y trouvons des raisons de nous réjouir, des rappels de l'amour inconditionnel de Dieu, de Sa grâce et de Sa miséricorde. La méditation quotidienne des Écritures devient ainsi un moyen puissant de cultiver la joie, en nous rappelant constamment que nous sommes aimés, que nous sommes protégés, et que notre avenir est entre les mains de Dieu.

Cette joie, puisée dans l'espérance, s'exprime également dans le service envers les autres. Le véritable bonheur, comme l'a enseigné Jésus, se trouve dans le don de soi : *« Il y a plus de bonheur à donner qu'à recevoir » (Actes 20:35)*. Lorsque nous nous engageons à servir les autres, à partager avec eux l'espérance que nous avons en Christ, nous découvrons une joie qui dépasse de loin ce que nous pourrions trouver dans la recherche égoïste du plaisir personnel. Le service chrétien, motivé par l'amour et l'espérance, devient une source de joie profonde et durable. En aidant ceux qui sont dans le besoin, en apportant consolation et encouragement à ceux qui sont abattus, nous participons à l'œuvre de Dieu et nous expérimentons la joie de voir l'espérance se répandre et porter du fruit dans la vie des autres.

Cependant, il est important de noter que cette joie quotidienne, cultivée à travers l'espérance, ne se manifeste pas toujours de manière spectaculaire. Parfois, elle se présente sous la forme de petites bénédictions quotidiennes, de moments de paix intérieure, de la présence réconfortante de Dieu dans les moments de solitude ou d'inquiétude. Cette joie subtile mais persistante devient un fil conducteur dans notre vie, un rappel constant de la fidélité de Dieu. Elle est la douce mélodie qui accompagne chaque jour, même dans les moments les plus ordinaires, nous rappelant que notre espérance est ferme et certaine, parce qu'elle est fondée sur les promesses éternelles de Dieu.

Pour cultiver cette joie quotidienne, il est essentiel de développer une discipline spirituelle constante. Cela implique de nourrir notre espérance chaque jour par la prière, la méditation de la Parole, et le rappel fréquent des promesses de Dieu. Cela nécessite aussi de choisir, chaque jour, de fixer nos yeux sur Jésus, *« le chef et le consommateur de la foi »* *(Hébreux 12:2)*, plutôt que sur les circonstances changeantes de la vie. En faisant cela, nous découvrons que la joie, loin d'être un simple sentiment, devient un état d'être, une expression de notre confiance inébranlable en Dieu. La prière régulière, en particulier, devient un moment précieux de communion avec Dieu, où nous Lui confions nos soucis, nos espoirs, et où nous recevons en retour Sa paix et Sa joie.

En outre, la gratitude joue un rôle clé dans la culture de la joie quotidienne. L'apôtre Paul nous encourage à *« rendre grâce en toutes choses »* *(1 Thessaloniciens 5:18)*. Lorsque nous prenons le temps de reconnaître et de remercier Dieu pour Ses bénédictions, grandes et petites, nous cultivons une attitude de gratitude qui nourrit notre joie. La reconnaissance transforme notre perspective, nous permettant de voir la main de Dieu à l'œuvre dans chaque aspect de notre vie, même dans les moments de défi. Cette reconnaissance nous rappelle que chaque jour est un cadeau, une nouvelle opportunité de vivre dans la joie de l'espérance.

La communauté chrétienne est également un facteur crucial dans la culture de la joie. Nous ne sommes pas appelés à vivre notre foi en isolation, mais en communion avec d'autres croyants. Cette communion fraternelle est une source de joie et d'encouragement. Ensemble, nous partageons nos joies et nos peines, nous nous soutenons mutuellement, et nous renforçons notre espérance commune. L'Église, en tant que corps de Christ, est un lieu où l'espérance se vit de manière concrète, où la joie se partage et se multiplie. L'adoration collective, les prières communes, et les témoignages de foi sont autant de moyens par lesquels la communauté chrétienne contribue à nourrir la joie de chaque croyant.

Enfin, il est crucial de comprendre que la culture de la joie quotidienne à travers l'espérance ne se termine pas ici-bas. Elle est une préparation pour la joie éternelle qui nous attend dans la présence de Dieu. Comme le déclare l'apôtre Jean dans l'Apocalypse : *« Dieu essuiera toute larme de leurs yeux, et la mort ne sera plus, il n'y aura plus ni deuil, ni cri, ni douleur, car les premières choses ont disparu »* *(Apocalypse 21:4)*. Cette espérance ultime, cette anticipation de la vie éternelle, est la source de notre joie la plus profonde. C'est elle qui nous permet de traverser les épreuves de cette vie avec courage et confiance, sachant que la gloire à venir éclipsera de loin toutes les souffrances présentes.

En conclusion, cultiver la joie quotidienne à travers l'espérance est un appel à vivre chaque jour avec une conscience accrue de la fidélité de Dieu, une gratitude constante pour Ses bénédictions, et une anticipation joyeuse de la gloire à venir. C'est un voyage spirituel qui transforme notre perspective sur la vie, qui nous permet de voir chaque circonstance à la lumière de l'espérance, et qui nous conduit finalement à une joie profonde et durable. Cette joie, fondée sur l'espérance vivante en Christ, est un témoignage puissant de la présence de Dieu dans nos vies et une invitation pour le monde à découvrir la même espérance et la même joie en Lui.

Que cette espérance éclaire nos jours, remplisse nos cœurs, et nous guide toujours plus près de Celui qui est la source de toute joie, Jésus-Christ notre Seigneur. Puisse-t-elle être le phare qui nous conduit à travers les tempêtes de la vie, la lumière qui brille dans nos ténèbres, et la force qui nous soutient jusqu'à ce que nous parvenions enfin à la pleine mesure de la joie éternelle dans la présence de notre Dieu bien-aimé.

Vive Dans l'Espérance Chrétienne

Chapitre 6

Comment renforcer et partager L'Espérance Chrétienne

6.1 L'importance de la communauté chrétienne

L'espérance, ce flambeau lumineux qui éclaire nos chemins les plus obscurs, ne se nourrit pas seulement de la foi individuelle, mais trouve également sa force et sa vigueur dans le soutien et l'encouragement mutuels au sein de la communauté chrétienne. La communauté chrétienne est, en effet, un pilier fondamental dans la construction et le partage de l'espérance, car elle offre à chacun un espace sacré où l'on peut non seulement puiser dans la sagesse collective, mais aussi fortifier son esprit à travers des liens de fraternité tissés par la grâce divine.

Dans un monde marqué par l'instabilité, les doutes et les peurs, l'isolement peut rapidement devenir une prison de désespoir. C'est ici que la communauté chrétienne joue un rôle vital, car elle brise les chaînes de la solitude, transformant l'isolement en communion. Les Écritures nous enseignent que *"là où deux ou trois sont assemblés en mon nom, je suis au milieu d'eux"* (Matthieu 18:20), illustrant ainsi la puissance de la présence divine au cœur de la communauté. C'est cette présence qui magnifie l'espérance, car elle est renforcée par la foi partagée, la prière collective, et le soutien mutuel.

La communauté chrétienne devient alors un refuge, un port sûr où les âmes fatiguées trouvent repos et réconfort. Lorsque les vents de l'adversité soufflent avec une force implacable, c'est dans cette communauté que l'on trouve l'ancrage nécessaire pour ne pas sombrer. Les apôtres eux-mêmes ont souligné l'importance de s'encourager mutuellement, comme le fait l'auteur de l'épître aux Hébreux, *"Veillons les uns sur les autres, pour nous inciter à l'amour et aux bonnes œuvres"* (Hébreux 10:24). Ainsi, la communauté n'est pas seulement un rassemblement de croyants, mais un organisme vivant où chaque membre, en partageant ses dons, ses expériences et son espérance, contribue à la croissance spirituelle des autres.

Renforcer l'espérance à travers la communauté chrétienne passe par la solidarité, une solidarité qui transcende les simples relations humaines pour devenir une expression de l'amour divin. Cet amour, manifesté dans l'entraide et le soutien mutuel, est le ciment qui unit les croyants dans une même foi, une même espérance. Lorsqu'un membre de la communauté vacille sous le poids des épreuves, c'est l'ensemble du corps de Christ qui le soutient, l'accompagnant dans ses prières, partageant ses fardeaux, et ravivant en lui la flamme de l'espérance. Ainsi, l'espérance individuelle est amplifiée et solidifiée au sein de la communauté, car elle devient une espérance partagée, une force collective.

Mais au-delà du renforcement de l'espérance personnelle, la communauté chrétienne joue également un rôle crucial dans la transmission et le partage de cette espérance. L'évangile de Christ est une bonne nouvelle qui ne peut rester enfermée dans le cœur du croyant ; elle doit être partagée, proclamée, diffusée. La communauté, par son témoignage collectif, devient alors un phare dans les ténèbres, guidant ceux qui errent vers la lumière de l'espérance chrétienne. Les actions de la communauté, ses œuvres de charité, ses services, sont autant de manifestations tangibles de l'espérance en Christ, attirant les âmes vers la vérité salvatrice.

Dans les premiers jours de l'Église, la communauté chrétienne s'est distinguée par sa capacité à vivre l'espérance de manière tangible. Les premiers chrétiens partageaient tout en commun, priant ensemble, rompant le pain ensemble, et se soutenant mutuellement face aux persécutions (Actes 2:42-47). C'est cette unité, cette solidarité imprégnée de foi, qui a non seulement renforcé leur espérance, mais aussi attiré de nombreux cœurs vers la foi en Christ. Cette dynamique de partage est essentielle aujourd'hui encore, car dans un monde fragmenté, la communauté chrétienne peut être un modèle de cohésion, un exemple de ce que signifie véritablement vivre dans l'espérance.

L'importance de la communauté chrétienne dans le renforcement et le partage de l'espérance se manifeste également dans l'enseignement et la formation spirituelle. Les pasteurs, les anciens, et les responsables d'Église ont pour mission d'édifier la foi des croyants, de nourrir leur espérance à travers l'enseignement des Écritures, la prédication, et les sacrements. C'est dans cette dimension que la communauté devient une école de l'espérance, où chaque croyant est invité à grandir dans sa compréhension des promesses divines et à approfondir sa relation avec Dieu.

Cependant, il ne suffit pas de recevoir l'espérance ; il est essentiel de la partager. La communauté chrétienne doit être un espace de témoignage vivant, où l'espérance est non seulement vécue, mais également proclamée. Dans ce monde en quête de sens, en proie à l'incertitude et à la peur, les chrétiens sont appelés à être les porteurs de cette espérance, à la partager avec ceux qui ne la connaissent pas encore. Ce partage n'est pas seulement verbal, mais se traduit aussi par des actions concrètes, des actes de compassion, de justice et de paix qui reflètent la lumière de Christ.

La communauté chrétienne n'est pas seulement un lieu de rassemblement pour les croyants ; elle est un foyer où l'espérance est nourrie, renforcée et partagée. C'est dans la communion fraternelle, dans la prière collective, et dans le témoignage de l'amour divin que l'espérance trouve sa pleine expression. Chaque membre de la communauté est à la fois un réceptacle et un vecteur de cette espérance, contribuant ainsi à l'édification du corps de Christ et à la diffusion de la lumière de l'Évangile dans un monde qui en a désespérément besoin.

6.2 Partager l'espérance avec les autres

Dans l'étendue infinie des dons divins, l'espérance se dresse comme une lueur éternelle, un phare qui guide les âmes vers le rivage du salut. Il ne suffit pas de garder cette espérance enfermée dans les profondeurs de notre cœur ; elle doit être partagée, répandue comme une pluie bienfaisante qui vient fertiliser les terres arides de l'âme humaine. Partager l'espérance, c'est accomplir une mission sacrée, une tâche qui transcende les simples actes de charité pour devenir une véritable œuvre de rédemption, un chemin par lequel l'amour de Dieu s'incarne dans chaque parole, dans chaque geste, dans chaque souffle.

L'évangile comme source et vecteur de l'espérance

L'espérance chrétienne trouve sa source première dans l'Évangile, cette "bonne nouvelle" qui annonce la venue du Royaume de Dieu et la réconciliation de l'humanité avec son Créateur. C'est dans les pages sacrées de la Bible que nous découvrons les fondements de cette espérance, nourrie par les promesses de Dieu et incarnée dans la vie, la mort, et la résurrection de Jésus-Christ. Le partage de l'espérance, dès lors, passe par l'annonce de cette vérité immuable : *"Car je n'ai pas honte de l'Évangile : c'est une puissance de Dieu pour le salut de quiconque croit" (Romains 1:16)*. L'Évangile, en tant que puissance divine, ne laisse pas indifférent. Il transforme, il régénère, et surtout, il infuse l'espérance là où régnait autrefois le désespoir.

Il est donc impératif pour chaque croyant de devenir un vecteur de cet Évangile, non pas seulement en paroles, mais aussi en actes. Le partage de l'espérance commence par la proclamation fidèle de cette Parole, et se poursuit par une vie qui témoigne de sa vérité. *"Soyez toujours prêts à défendre l'espérance qui est en vous, devant ceux qui vous en demandent compte" (1 Pierre 3:15).* La défense de cette espérance, loin d'être une simple argumentation théologique, se manifeste surtout dans la manière dont nous vivons notre foi au quotidien, reflétant la lumière du Christ à travers notre comportement, notre compassion, et notre dévotion.

Le pouvoir transformateur de l'exemple personnel

L'une des manières les plus puissantes de partager l'espérance est à travers notre propre exemple de vie. Il ne s'agit pas ici d'une simple exposition de vertus, mais d'une démonstration authentique de la manière dont l'espérance en Christ peut transformer une existence. Prenons l'exemple de l'apôtre Paul, qui, malgré les nombreuses épreuves, emprisonnements et persécutions qu'il a subis, n'a jamais vacillé dans son espérance. *"Car pour moi, vivre c'est Christ, et mourir m'est un gain" (Philippiens 1:21).* Paul vivait avec une telle conviction, une telle espérance en la promesse de la vie éternelle, que même la mort ne pouvait l'effrayer. C'est cette même espérance qui doit transparaître dans nos vies, inspirant ceux qui nous entourent à rechercher la source de cette paix intérieure et de cette assurance indéfectible.

En partageant les défis que nous avons surmontés grâce à l'espérance en Dieu, nous offrons aux autres non seulement un modèle à suivre, mais aussi une preuve tangible que cette espérance n'est pas vaine. Elle est vivante, efficace, et capable de transformer même les situations les plus désespérées. Comme l'écrivait Paul aux Romains : *"Que le Dieu de l'espérance vous remplisse de toute joie et de toute paix dans la foi, pour que vous abondiez en espérance par la puissance du Saint-Esprit" (Romains 15:13).* C'est cette abondance d'espérance que nous sommes appelés à partager, une espérance qui ne s'épuise jamais, car elle est renouvelée par la puissance du Saint-Esprit.

L'espérance partagée à travers les paroles de réconfort et d'encouragement

Les mots ont un pouvoir immense. Ils peuvent blesser ou guérir, décourager ou élever. Dans le cadre du partage de l'espérance, les paroles de réconfort et d'encouragement jouent un rôle central. Elles sont comme un baume pour les cœurs brisés, une lumière pour ceux qui marchent dans les ténèbres. Le livre des Proverbes nous rappelle : *"Une parole dite à propos est comme des pommes d'or sur des ciselures d'argent"* (Proverbes 25:11). Lorsqu'elles sont guidées par l'Esprit, nos paroles peuvent porter l'espérance dans les âmes les plus affligées, ravivant la flamme vacillante de la foi et de la confiance en Dieu.

Ces paroles doivent cependant être imprégnées d'une profonde empathie. Il ne s'agit pas de prononcer des clichés ou des platitudes, mais de véritablement s'engager avec la douleur et les souffrances des autres, tout en leur offrant un espoir authentique. L'apôtre Paul, dans sa lettre aux Thessaloniciens, encourage les croyants à *"se consoler mutuellement, et à s'édifier les uns les autres"* (1 Thessaloniciens 5:11). Ce ministère de la consolation est au cœur du partage de l'espérance. Il nécessite une écoute attentive, une compréhension sincère, et une parole inspirée qui dirige les âmes vers le Christ, la source de toute espérance.

La prière : un canal puissant de partage de l'espérance

Enfin, l'une des manières les plus profondes et les plus spirituellement enrichissantes de partager l'espérance est à travers la prière. La prière n'est pas seulement une communication avec Dieu ; elle est aussi un canal par lequel l'espérance divine peut être transmise aux autres. Lorsque nous prions pour quelqu'un, nous intercédons auprès du Père en leur faveur, demandant que la lumière de Son espérance brille dans leur vie. *"Priez les uns pour les autres, afin que vous soyez guéris. La prière fervente du juste a une grande efficacité"* (Jacques 5:16). Une prière fervente, guidée par l'amour et la compassion, peut apporter un réconfort et une espérance bien au-delà de ce que les mots peuvent exprimer.

Le partage de l'espérance à travers la prière prend plusieurs formes. Il peut s'agir de prier avec quelqu'un dans un moment de besoin, d'offrir des prières régulières pour ceux qui sont loin de nous, ou de participer à des groupes de prière qui se concentrent sur les situations mondiales de détresse et de désespoir. La prière devient ainsi un acte de foi et d'espérance, une manière d'inviter la puissance de Dieu à agir dans les vies des autres.

Le partage de l'espérance, un acte de foi et d'amour

Partager l'espérance avec les autres est un acte qui transcende les simples gestes de générosité ou les paroles d'encouragement. C'est une œuvre spirituelle qui demande un engagement profond avec la foi, un amour sincère pour l'humanité, et une confiance inébranlable en les promesses de Dieu. En devenant des porteurs d'espérance, nous participons à la mission divine de rédemption et de restauration, apportant la lumière du Christ dans un monde souvent obscurci par le doute et la souffrance. Que notre vie, nos paroles, nos prières, et nos actions soient autant de moyens par lesquels l'espérance de Dieu est partagée, multipliée, et transmise, pour la gloire de Son nom et l'édification de Son peuple.

6.3 Vivre comme témoin de l'espérance en Christ

L'appel à vivre comme témoin de l'espérance en Christ transcende la simple proclamation verbale pour embrasser une existence entière, façonnée par cette espérance vivante. Ce témoignage ne réside pas seulement dans les paroles prononcées, mais dans la manière dont chaque acte, chaque pensée, chaque souffle incarne la promesse de la résurrection et de la vie éternelle, offertes en Jésus-Christ. En tant que croyants, nous sommes non seulement gardiens de cette espérance, mais aussi ses ambassadeurs, chargés de la rendre visible au monde, un monde souvent assombri par le désespoir et l'incertitude.

Être témoin de l'espérance en Christ, c'est d'abord vivre en pleine conscience de la transformation radicale opérée par la grâce divine. Ce n'est plus nous qui vivons, mais

Christ qui vit en nous (Galates 2:20). Cette nouvelle identité en Christ nous appelle à manifester, par nos vies, la réalité d'une espérance qui ne déçoit jamais (Romains 5:5). Cette espérance devient le prisme par lequel nous voyons et interprétons toutes les circonstances de la vie, même les plus sombres.

La marche avec Christ, dans la lumière de cette espérance, se traduit par une vie de sainteté et d'amour. En tant que témoins, nous sommes appelés à briller comme des lumières dans un monde obscurci par le péché (Philippiens 2:15). Cette lumière, qui jaillit de la vie transformée par l'Esprit, n'est pas une lumière propre, mais celle de Christ, reflétée à travers notre obéissance et notre foi. La Parole de Dieu, qui éclaire notre chemin, nous exhorte à vivre d'une manière digne de notre appel (Éphésiens 4:1), un appel à être des vases d'honneur, sanctifiés et utiles au Maître, préparés pour toute bonne œuvre (2 Timothée 2:21).

Le témoignage de l'espérance en Christ trouve également son expression dans la persévérance face à l'adversité. Les apôtres eux-mêmes nous ont laissé l'exemple d'une foi inébranlable, malgré les persécutions et les tribulations. Comme Paul, nous sommes appelés à dire : *"Je sais en qui j'ai cru, et je suis persuadé qu'il a la puissance de garder mon dépôt jusqu'à ce jour-là" (2 Timothée 1:12).* Cette certitude, cette espérance, est une ancre pour notre âme, ferme et solide (Hébreux 6:19), qui nous permet de tenir bon, même dans les tempêtes les plus violentes.

Mais au-delà de la souffrance, vivre comme témoin de l'espérance en Christ, c'est aussi manifester la joie du salut. Une joie qui n'est pas conditionnée par les circonstances terrestres, mais qui découle de la communion profonde avec le Sauveur. Cette joie éclatante est le fruit d'une vie pleinement abandonnée à Dieu, une vie qui reflète la paix qui surpasse toute intelligence (Philippiens 4:7) et qui suscite chez ceux qui nous entourent une interrogation sur la source de notre espérance (1 Pierre 3:15).

Ainsi, en étant des témoins fidèles, nous portons cette espérance non seulement dans nos paroles, mais dans chaque fibre de notre être. Nous devenons des lettres vivantes, lues par tous les hommes (2 Corinthiens 3:2-3), des épîtres de Christ, écrites non avec de l'encre, mais avec l'Esprit du Dieu vivant. Nos vies doivent témoigner que nous ne sommes pas du monde, bien que nous y vivions, et que notre citoyenneté est dans les cieux, d'où nous attendons ardemment le Sauveur (Philippiens 3:20).

Vivre comme témoin de l'espérance en Christ est une vocation élevée, un appel à refléter l'image du Fils dans un monde qui en a désespérément besoin. C'est vivre chaque jour dans la lumière de la résurrection, porteurs du message d'un amour insondable, d'une grâce abondante, et d'une espérance éternelle.

L'Espérance De l'Avenir

Chapitre 7

L'espérance du retour de Christ

7.1 Les prophéties de la seconde venue

L'espérance chrétienne trouve son apogée dans l'anticipation du glorieux retour de Christ, un événement prophétisé à maintes reprises dans les Écritures, annoncé par les prophètes et scellé par les paroles mêmes du Seigneur. Cette espérance, ancrée dans les profondeurs du temps, traverse les âges, nourrissant la foi des croyants avec une promesse certaine : Jésus-Christ reviendra, non plus comme l'agneau sacrifié, mais comme le Roi triomphant, le Juge des vivants et des morts. Les prophéties de la seconde venue, comme des étoiles scintillantes dans le firmament des Écritures, guident notre regard vers cet avenir glorieux.

Dès l'Ancien Testament, les prophètes ont laissé des traces de cette grande espérance. Le prophète Daniel, par exemple, dans une vision qui transcende les siècles, *voit quelqu'un semblable à un Fils de l'homme" venir "avec les nuées du ciel" pour recevoir "la domination, la gloire et le règne" (Daniel 7:13-14).* Cette image puissante préfigure non seulement la première venue de Christ, mais aussi son retour glorieux pour établir un royaume éternel qui ne passera jamais. Les visions prophétiques de Daniel capturent cette attente eschatologique, un espoir vibrant qui résonne à travers les générations.

Ésaïe, le prophète, ajoute à cette anticipation, lorsqu'il parle d'un temps où *"le Seigneur lui-même descendra du ciel avec un cri de commandement, avec la voix de l'archange, et avec la trompette de Dieu" (1 Thessaloniciens 4:16).* Bien que ces paroles soient de l'apôtre Paul, elles résonnent avec la même vigueur prophétique qu'Ésaïe dans sa description du Jour du Seigneur, un jour de lumière éclatante où la justice divine sera pleinement manifestée.

La Nouvelle Alliance, quant à elle, éclaire cette espérance avec encore plus de clarté. Jésus, dans son discours sur le mont des Oliviers, décrit de manière poignante les signes précurseurs de sa seconde venue. *"Alors apparaîtra dans le ciel le signe du Fils de l'homme; toutes les tribus de la terre se lamenteront, et elles verront le Fils de l'homme venant sur les nuées du ciel avec puissance et une grande gloire" (Matthieu 24:30).* Ces paroles, riches de promesses et de solennité, sont le cœur battant de l'attente chrétienne.

L'apôtre Paul, dans ses épîtres, renforce cette promesse avec une vigueur doctrinale. Il écrit aux Thessaloniciens pour les encourager, leur rappelant que *"le jour du Seigneur viendra comme un voleur dans la nuit" (1 Thessaloniciens 5:2)*, un rappel que cette venue sera inattendue pour beaucoup, mais non pour ceux qui veillent. Il exhorte les croyants à rester sobres, à revêtir *"la cuirasse de la foi et de l'amour, et le casque de l'espérance du salut" (1 Thessaloniciens 5:8)*. La seconde venue, pour Paul, n'est pas simplement une doctrine à accepter, mais une réalité qui doit imprégner chaque aspect de la vie chrétienne.

L'apôtre Pierre, pour sa part, met en garde contre les moqueurs qui disent : *"Où est la promesse de son avènement?" (2 Pierre 3:4)*. Il rappelle que *"le Seigneur ne tarde pas dans l'accomplissement de sa promesse, comme quelques-uns le croient; mais il use de patience envers vous, ne voulant pas qu'aucun périsse, mais voulant que tous arrivent à la repentance" (2 Pierre 3:9)*. Ainsi, la patience divine, loin d'être une preuve de retard, est une expression de sa miséricorde, donnant à chacun l'opportunité de se préparer à ce grand jour.

Enfin, dans le livre de l'Apocalypse, Jean nous transporte dans une vision cosmique où la seconde venue de Christ est dépeinte avec des images d'une intensité sans pareille. *"Voici, il vient avec les nuées. Et tout œil le verra, même ceux qui l'ont percé; et toutes les tribus de la terre se lamenteront à cause de lui" (Apocalypse 1:7)*. Cette prophétie, à la fois terrifiante et exaltante, souligne le caractère universel et inévitable de cet événement. Les cieux s'ouvriront, les royaumes de ce monde seront ébranlés, et l'humanité sera confrontée au Fils de Dieu dans toute sa majesté.

Les prophéties de la seconde venue sont un phare dans la nuit du monde, rappelant à chaque génération de croyants que l'histoire humaine n'est pas un cycle sans fin de répétition, mais une ligne droite dirigée vers un point culminant : le retour de Christ. Chaque prophétie, chaque vision, chaque parole divine tisse ensemble une tapisserie d'espérance, une promesse inébranlable que *"celui qui vient, viendra, et il ne tardera pas" (Hébreux 10:37)*. L'Église, en gardienne de cette espérance, est appelée à veiller, à prier, et à proclamer cette vérité jusqu'au jour où *"les royaumes du monde sont devenus le royaume de notre Seigneur et de son Christ, et il régnera aux siècles des siècles"* (Apocalypse 11:15).

Ainsi, l'espérance de la seconde venue n'est pas seulement une doctrine théologique, mais une réalité vivante, une lumière qui éclaire notre marche quotidienne, une certitude qui soutient notre foi. Que chaque croyant puisse dire avec l'Église de tous les temps : *"Amen! Viens, Seigneur Jésus!" (Apocalypse 22:20)*.

7.2 Comment vivre en attendant son retour

L'attente du retour de Jésus-Christ est l'un des piliers centraux de la foi chrétienne, un phare qui éclaire le chemin de l'espérance pour chaque croyant. Cette attente ne se réduit pas à une simple posture d'observation passive, mais se manifeste dans une vie active, engagée et profondément transformée par la promesse du retour de Christ. Chaque aspect de la vie chrétienne est ainsi marqué par cette espérance, qui oriente pensées, actions, et aspirations vers le Royaume à venir, tout en vivant pleinement les réalités du Royaume présent.

La vigilance spirituelle : Une garde constante

L'attente du retour de Christ est avant tout une invitation à la vigilance. Jésus lui-même, dans ses enseignements, a souvent souligné l'importance de rester éveillé et préparé, car *"le Fils de l'homme viendra à l'heure où vous n'y penserez pas" (Matthieu 24:44)*. Cette vigilance n'est pas une simple attention, mais une posture spirituelle de toute l'existence, une garde constante qui ne permet aucune somnolence morale ou spirituelle.

La vigilance spirituelle se manifeste par la prière assidue. Jésus, en parlant de sa venue, exhortait ses disciples à *"prier en tout temps"* afin de *"pouvoir échapper à tout ce qui doit arriver, et de paraître debout devant le Fils de l'homme" (Luc 21:36)*. La prière n'est pas seulement un dialogue avec Dieu, mais une arme puissante contre la tentation, un rempart contre les distractions du monde, et une manière de rester centré sur la promesse divine. C'est dans le silence de la prière que le croyant entend la voix de l'Esprit, qui le guide, le fortifie et l'instruit dans les voies de la justice.

Cette vigilance est également nourrie par la méditation quotidienne des Écritures. Les

Écritures sont le miroir dans lequel le croyant contemple la gloire à venir tout en recevant les instructions nécessaires pour marcher dans la lumière. Paul, dans sa lettre aux Romains, affirme que *"tout ce qui a été écrit d'avance l'a été pour notre instruction, afin que, par la patience et par la consolation que donnent les Écritures, nous possédions l'espérance" (Romains 15:4)*. Lire, méditer et appliquer la Parole de Dieu, c'est s'imprégner des vérités éternelles qui raffermissent la foi et ancrent l'espérance dans le cœur du croyant.

Une vie de sainteté : Le reflet du Royaume à venir

Vivre en attendant le retour du Christ implique aussi une consécration totale à Dieu, une vie de sainteté qui reflète les valeurs du Royaume à venir. L'apôtre Pierre exhorte les croyants à *"vivre dans la sainteté et la piété, attendant et hâtant l'avènement du jour de Dieu" (2 Pierre 3:11-12)*. La sainteté ici n'est pas simplement l'absence de péché, mais une vie dédiée à Dieu, caractérisée par la justice, l'amour et la vérité.

La sainteté se manifeste dans la manière dont le croyant se conduit dans le monde. Dans une société souvent marquée par l'immoralité et l'injustice, le chrétien est appelé à être un *"enfant de Dieu sans reproche au milieu d'une génération perverse et corrompue" (Philippiens 2:15)*. Cette pureté de vie est un témoignage puissant de la transformation opérée par l'Esprit Saint, un reflet visible du caractère de Christ en nous.

La sainteté implique également une séparation des influences du monde qui peuvent nuire à notre marche avec Dieu. L'apôtre Jean met en garde les croyants contre l'amour du monde et les convoitises qui en découlent, affirmant que *"si quelqu'un aime le monde, l'amour du Père n'est point en lui" (1 Jean 2:15)*. Cette séparation n'est pas un rejet du monde en tant que création de Dieu, mais une distance prudente des systèmes, des valeurs et des comportements qui s'opposent à la volonté divine.

Cependant, cette sainteté ne doit pas être confondue avec un ascétisme rigide ou un légalisme étroit. Elle est plutôt le fruit d'une relation vivante et dynamique avec Dieu, un résultat naturel de l'amour que le croyant porte pour son Sauveur. Jésus a déclaré : *"Si vous m'aimez, gardez mes commandements" (Jean 14:15)*. L'obéissance aux commandements de Dieu est donc une expression de notre amour pour Lui, une preuve tangible que nous vivons en anticipation de Son retour.

L'amour en action : Servir en attendant

L'attente du retour de Christ est aussi une invitation à aimer et à servir activement.
Jésus, avant de monter au ciel, a laissé à ses disciples la mission de *"faire de toutes les
nations des disciples" (Matthieu 28:19),* une tâche qui exige dévouement, sacrifice et
persévérance. Cette mission n'est pas seulement une obligation, mais un privilège, une
participation à l'œuvre de rédemption que Dieu accomplit dans le monde.

L'amour que le croyant manifeste envers son prochain est une anticipation du Royaume
de Dieu. L'apôtre Jean nous rappelle que *"celui qui n'aime pas n'a pas connu Dieu, car
Dieu est amour" (1 Jean 4:8).* Cet amour doit se traduire par des actions concrètes :
*nourrir les affamés, vêtir ceux qui sont nus, visiter les malades et les prisonniers
(Matthieu 25:35-36).* Ce sont ces gestes d'amour qui témoignent de la présence du
Royaume de Dieu parmi nous, ici et maintenant.

Le service dans l'Église et dans la communauté est également une manière de vivre en
attendant le retour de Christ. Paul exhorte les croyants à ne pas se lasser de faire le
bien, *"car nous moissonnerons au temps convenable, si nous ne nous relâchons pas"
(Galates 6:9).* Chaque acte de service, aussi humble soit-il, contribue à l'édification du
corps de Christ et à l'avancement de son Royaume.

Le croyant est appelé à exercer ses dons et talents pour la gloire de Dieu et le bien des
autres. Pierre encourage les chrétiens à *"se servir les uns les autres, chacun selon le
don qu'il a reçu, comme de bons dispensateurs des diverses grâces de Dieu" (1 Pierre
4:10).* Ce service, motivé par l'amour et l'espérance, est une manière concrète de
participer à l'œuvre de Dieu dans le monde.

Un témoignage fidèle : Porter la lumière de l'espérance

En attendant le retour de Christ, les croyants sont appelés à être des témoins fidèles de
l'espérance qui les habite. Ce témoignage n'est pas seulement verbal, mais se
manifeste dans la manière de vivre, d'aimer, et de servir. L'apôtre Pierre exhorte les
croyants à être *"toujours prêts à défendre leur espérance devant tous ceux qui leur en
demandent compte" (1 Pierre 3:15).* Ce témoignage doit être rendu avec douceur et

respect, mais aussi avec conviction et assurance.

Le témoignage de l'espérance chrétienne est un acte d'évangélisation. Il s'agit de proclamer la bonne nouvelle du salut en Jésus-Christ, d'annoncer la venue de Son Royaume et d'inviter les autres à entrer dans cette espérance. Jésus a dit à ses disciples : *"Vous serez mes témoins à Jérusalem, dans toute la Judée, dans la Samarie, et jusqu'aux extrémités de la terre" (Actes 1:8).* Ce témoignage est donc universel, ne connaissant aucune frontière géographique ou culturelle.

Ce témoignage fidèle se doit d'être cohérent avec la vie du croyant. Une vie transformée, marquée par l'amour, la justice et la paix, est un témoignage puissant de la réalité du Royaume de Dieu. Jésus a dit : *"Que votre lumière luise ainsi devant les hommes, afin qu'ils voient vos bonnes œuvres, et qu'ils glorifient votre Père qui est dans les cieux" (Matthieu 5:16).* En vivant selon les principes du Royaume, les croyants témoignent de la présence et de la puissance de Dieu dans leur vie.

La participation au Royaume de Dieu : Construire en attendant

Vivre en attendant le retour de Christ, c'est aussi participer activement à la construction du Royaume de Dieu ici sur terre. Ce Royaume, bien qu'invisible, se manifeste à travers les œuvres de justice, de paix et d'amour que les croyants accomplissent. Jésus, dans la prière qu'il a enseignée à ses disciples, a prié : *"Que ton règne vienne; que ta volonté soit faite sur la terre comme au ciel" (Matthieu 6:10).* Cette prière est une invitation à œuvrer pour que la justice divine, la paix et l'amour règnent dès maintenant parmi nous.

Les croyants sont appelés à être des ambassadeurs du Royaume de Dieu, des agents de transformation dans un monde souvent marqué par l'injustice, la violence et l'égoïsme. Paul écrit : *"Nous faisons donc les fonctions d'ambassadeurs pour Christ, comme si Dieu exhortait par nous" (2 Corinthiens 5:20).* Cette responsabilité est un privilège, car elle permet aux croyants de participer à l'œuvre rédemptrice de Dieu, en apportant un avant-goût du Royaume céleste au cœur de ce monde. Le Royaume de Dieu, bien que pleinement manifesté à la seconde venue de Christ, commence déjà à prendre forme à travers l'action des croyants qui, par leurs vies et leurs engagements, plantent des graines de justice et de paix dans la société.

Chaque acte de bonté, chaque geste de compassion, chaque œuvre de justice et de miséricorde est une pierre apportée à l'édifice du Royaume de Dieu. Les croyants, par leur engagement, contribuent à rendre tangible l'amour de Dieu dans un monde qui en a cruellement besoin. En aidant les pauvres, en soutenant les opprimés, en prônant la justice, et en semant la paix, les chrétiens manifestent les valeurs du Royaume et hâtent ainsi l'avènement du jour du Seigneur.

L'attente active du retour de Christ engage aussi le croyant à œuvrer pour l'unité du corps de Christ. Jésus a prié pour que ses disciples *"soient un, comme nous sommes un" (Jean 17:22)*. Cette unité est essentielle pour le témoignage de l'Église dans le monde. En vivant dans l'amour, la compréhension mutuelle, et la coopération, les croyants montrent au monde ce que signifie appartenir au Royaume de Dieu. Ils démontrent que malgré les différences culturelles, linguistiques ou sociales, l'amour de Christ est capable de transcender toutes les barrières et de réunir les hommes en un seul corps.

Le croyant, en vivant ainsi dans l'attente du retour de Christ, devient un agent de transformation, un bâtisseur du Royaume de Dieu, tout en restant conscient que cette œuvre ne sera achevée que lorsque le Roi lui-même reviendra dans sa gloire. C'est dans cette tension entre le "déjà" et le "pas encore" que le chrétien est appelé à vivre, avec l'espérance qui l'anime et la force que Dieu lui donne.

Confiance inébranlable : Croire en la promesse

Vivre en attendant le retour de Christ demande enfin une confiance inébranlable dans les promesses de Dieu. La Bible regorge de promesses concernant la seconde venue du Christ, et ces promesses sont le fondement de l'espérance chrétienne. Jésus a promis : *"Je reviendrai et je vous prendrai avec moi, afin que là où je suis vous y soyez aussi" (Jean 14:3)*. Cette promesse de communion éternelle avec Dieu est une source de réconfort et de force pour le croyant.

Cette confiance n'est pas basée sur des sentiments fluctuants ou des circonstances changeantes, mais sur la Parole immuable de Dieu. Comme le dit l'auteur de l'épître aux Hébreux : *"Car encore un peu, un peu de temps : celui qui doit venir viendra, et il ne tardera pas" (Hébreux 10:37)*. Cette certitude doit animer chaque aspect de la vie chrétienne, car Dieu est fidèle, et ce qu'il a promis, il l'accomplira.

En cultivant cette confiance, le croyant peut vivre avec assurance, sachant que le retour de Christ est certain. Cette assurance nourrit la patience, une vertu essentielle pour traverser les périodes d'attente. Jacques exhorte les croyants *: "Soyez donc patients, frères, jusqu'à l'avènement du Seigneur. Voici, le laboureur attend le précieux fruit de la terre, prenant patience à son égard jusqu'à ce qu'il ait reçu les pluies de la première et de l'arrière-saison. Vous aussi, soyez patients, affermissez vos cœurs, car l'avènement du Seigneur est proche" (Jacques 5:7-8).*

La confiance en la promesse divine doit aussi conduire à la joie. Paul, en écrivant aux Philippiens, les exhorte à *"se réjouir toujours dans le Seigneur" (Philippiens 4:4).* Cette joie est le fruit de l'espérance, car le croyant sait que, quoi qu'il advienne dans ce monde, la victoire finale appartient à Christ. La perspective du retour de Jésus remplit le cœur du chrétien d'une joie indéfectible, car il anticipe le jour où toutes les larmes seront essuyées, où la douleur et la mort n'auront plus de place, et où la plénitude de la vie éternelle sera enfin révélée.

Ainsi, vivre en attendant le retour de Christ, c'est s'engager dans une vie de vigilance, de sainteté, de service, de témoignage, et de confiance, tout en gardant les yeux fixés sur l'horizon où apparaîtra le Seigneur dans toute sa gloire. C'est une vie riche de sens, marquée par l'espérance et animée par la certitude que Celui qui a promis est fidèle. La vie du croyant devient alors un reflet vivant du Royaume à venir, une lumière qui brille dans les ténèbres, annonçant au monde que le Roi est sur le point de revenir.

Que cette espérance éclaire notre chemin et fortifie nos cœurs alors que nous vivons dans cette attente bénie, anticipant avec joie le jour où nous verrons notre Sauveur face à face. *"Celui qui atteste ces choses dit : Oui, je viens bientôt. Amen ! Viens, Seigneur Jésus !" (Apocalypse 22:20).*

7.3 L'Espérance de la Nouvelle Création

L'espérance chrétienne ne se limite pas simplement à un regard sur le passé glorieux de la rédemption ou à une contemplation de la vie présente sous la grâce divine. Elle s'étend bien au-delà, projetant son regard sur l'avenir, sur ce que l'apôtre Pierre appelle *"les nouveaux cieux et une nouvelle terre où la justice habite" (2 Pierre 3:13).* Cette anticipation de la nouvelle création constitue l'un des fondements les plus profonds de l'espérance chrétienne. C'est une vision grandiose, une promesse céleste qui élève l'âme au-dessus des réalités passagères de ce monde pour la tourner vers une éternité où tout sera restauré dans la gloire de Dieu.

La vision prophétique d'une création restaurée

Les Écritures regorgent de prophéties qui annoncent cette nouvelle création. Dès l'Ancien Testament, Dieu annonce, par la bouche de ses prophètes, une restauration cosmique. Ésaïe, par exemple, parle d'un jour où *"le loup habitera avec l'agneau, et le léopard se couchera avec le chevreau" (Ésaïe 11:6)*. Cette image symbolise une paix universelle, une harmonie parfaite dans la création entière, qui contraste fortement avec le monde déchu et marqué par le péché que nous connaissons aujourd'hui.

L'apôtre Jean, dans l'Apocalypse, reprend cette thématique avec des images d'une beauté saisissante : *"Puis je vis un nouveau ciel et une nouvelle terre, car le premier ciel et la première terre avaient disparu, et la mer n'était plus" (Apocalypse 21:1)*. Ce passage marque le point culminant de l'histoire de la rédemption : Dieu fait toutes choses nouvelles. C'est la fin des souffrances, des larmes, de la mort et du péché, et le commencement d'une existence éternelle dans la présence de Dieu, où *"Il essuiera toute larme de leurs yeux" (Apocalypse 21:4)*.

Une espérance fondée sur la fidélité de Dieu

L'espérance de la nouvelle création n'est pas une simple spéculation ou un rêve utopique. Elle est solidement ancrée dans la fidélité de Dieu à ses promesses. Tout au long des Écritures, Dieu se révèle comme Celui qui accomplit toujours ce qu'il promet. Déjà, avec Noé, Dieu a promis qu'Il ne détruirait plus jamais la terre par un déluge (Genèse 9:11), et cette promesse s'est avérée fidèle. De même, la promesse d'une nouvelle création est soutenue par la même fidélité divine.

L'apôtre Paul, dans sa lettre aux Romains, montre que la création elle-même soupire et souffre, attendant avec impatience la révélation des fils de Dieu (Romains 8:19-22). Ce passage souligne que la nouvelle création n'est pas seulement un futur éloigné, mais un processus déjà en cours. En Christ, le début de cette restauration a déjà commencé, et notre espérance est fondée sur l'assurance que celui qui a commencé cette œuvre la mènera à son accomplissement parfait.

L'espérance d'une création sans fin

Dans cette nouvelle création, nous ne serons pas simplement spectateurs, mais participants actifs. Loin d'une vision statique, l'espérance chrétienne envisage une création dynamique, où la vie avec Dieu sera toujours nouvelle, toujours émerveillante. Les promesses bibliques décrivent une existence de joie perpétuelle, de croissance spirituelle sans fin, de découverte toujours renouvelée de la gloire divine. Le prophète Ésaïe déclare *: "Car voici, je crée de nouveaux cieux et une nouvelle terre ; on ne se rappellera plus les choses passées, elles ne reviendront plus à l'esprit" (Ésaïe 65:17)*.

Cette vision d'une création sans fin, où chaque moment sera un dévoilement continu de la splendeur divine, dépasse tout ce que l'esprit humain peut concevoir. Elle nous invite à transcender les limites de notre compréhension actuelle pour entrer dans le mystère de la vie éternelle. Comme le dit l'apôtre Paul *: "Ce que l'œil n'a point vu, ce que l'oreille n'a point entendu, et ce qui n'est point monté au cœur de l'homme, Dieu l'a préparé pour ceux qui l'aiment" (1 Corinthiens 2:9)*. Cette espérance dépasse de loin les contingences de notre vie présente et nous propulse vers une réalité d'une profondeur infinie.

Une création affranchie du péché et de la mort

Le péché et la mort sont les ennemis jurés de l'espérance chrétienne. Depuis la chute d'Adam, la création tout entière a été soumise à la corruption, marquée par la souffrance, le deuil, et la finitude. Mais l'espérance de la nouvelle création annonce la victoire définitive sur ces puissances destructrices. Dans la nouvelle Jérusalem, *"Il n'y aura plus de nuit ; ils n'auront besoin ni de lampe ni de lumière, parce que le Seigneur Dieu les éclairera" (Apocalypse 22:5)*. Cette lumière divine éclipsant toutes les ténèbres est le symbole de la victoire sur le péché, sur la mort, et sur toutes les forces du mal.

L'apôtre Paul nous rappelle dans 1 Corinthiens 15 que "le dernier ennemi qui sera détruit, c'est la mort" (1 Corinthiens 15:26). La résurrection du Christ en est la première et éclatante manifestation, garantissant notre propre résurrection et la restauration complète de la création. L'espérance de la nouvelle création n'est donc pas seulement une anticipation d'un futur glorieux, mais aussi une proclamation triomphante de la victoire déjà remportée par Christ.

Vivre aujourd'hui dans l'espérance de la nouvelle création

L'espérance de la nouvelle création n'est pas une espérance passive, qui nous inciterait à attendre simplement que Dieu agisse. Elle est une force motrice, qui transforme notre manière de vivre dès à présent. Elle nous appelle à vivre selon les valeurs du royaume à venir, à être des agents de cette nouvelle création dans le monde actuel. Comme le dit Paul : *"Si quelqu'un est en Christ, il est une nouvelle créature. Les choses anciennes sont passées ; voici, toutes choses sont devenues nouvelles" (2 Corinthiens 5:17).*

Cette transformation personnelle est le prélude à la transformation cosmique que Dieu a promise. En vivant selon cette espérance, nous témoignons de la puissance de la résurrection et de la promesse d'une création renouvelée. Nous sommes appelés à refléter dans nos vies la beauté, la justice, et la paix de cette nouvelle création, anticipant ainsi la gloire à venir.

L'espérance inébranlable d'une promesse divine

Pour conclure, l'espérance de la nouvelle création est l'un des trésors les plus précieux de la foi chrétienne. Elle éclaire notre chemin, fortifie notre foi, et nous pousse à marcher avec assurance, même au milieu des épreuves et des incertitudes de ce monde. Cette espérance n'est pas un simple espoir, mais une certitude fondée sur la promesse inébranlable de Dieu, qui, comme l'écrit l'apôtre Jean, *"fait toutes choses nouvelles" (Apocalypse 21:5).* Elle nous rappelle que, bien que nous soyons encore dans ce monde, notre véritable patrie est dans cette nouvelle création où la justice, la paix, et la gloire de Dieu régneront éternellement.

L'Espérance De l'Avenir

Chapitre 8

L'Espérance de l'Éternité

8.1 La promesse de la vie éternelle

Dans l'économie de la foi chrétienne, la promesse de la vie éternelle se dresse comme une étoile inaltérable, guidant les croyants à travers les tumultes de l'existence terrestre. Cette promesse, ancrée dans l'amour et la grâce de Dieu, transcende les limites du temps et de l'espace, offrant aux âmes une espérance qui va au-delà des réalités temporaires. La vie éternelle n'est pas seulement une existence prolongée ; elle est une qualité de vie imprégnée de la présence divine, où la communion avec Dieu atteint sa plénitude, et où l'homme retrouve sa place originelle dans l'ordre cosmique voulu par le Créateur.

La Vie Éternelle : Un Don Gratuit et Incommensurable

La promesse de la vie éternelle est un thème central dans les Écritures, réitéré avec force par Jésus-Christ Lui-même. Dans l'évangile de Jean, Jésus déclare : *« En vérité, en vérité, je vous le dis, celui qui écoute ma parole et croit à celui qui m'a envoyé a la vie éternelle ; il ne vient pas en jugement, mais il est passé de la mort à la vie »* (Jean 5:24). Ce passage révèle que la vie éternelle est un don immédiat, accordé à celui qui croit. La vie éternelle n'est pas une récompense lointaine, mais une réalité actuelle pour les croyants, une réalité qui commence ici et maintenant, dans la communion avec Dieu par le Christ.

Le caractère gratuit de ce don est crucial. L'apôtre Paul, dans sa lettre aux Romains, proclame : *« Le salaire du péché, c'est la mort ; mais le don gratuit de Dieu, c'est la vie éternelle en Jésus-Christ notre Seigneur »* (Romains 6:23). Ce verset met en lumière le contraste entre les conséquences du péché et la miséricorde divine. Tandis que le péché conduit inévitablement à la mort, Dieu, dans son amour infini, offre la vie éternelle à travers son Fils. C'est un don qui échappe à toute tentative humaine de l'acquérir par des œuvres ou des mérites ; il est donné par pure grâce, révélant ainsi la profondeur insondable de l'amour divin.

La Vie Éternelle : Une Communion Ininterrompue avec Dieu

La vie éternelle, telle qu'elle est décrite dans la Bible, est bien plus qu'une simple prolongation de l'existence humaine. Elle est avant tout une communion parfaite avec Dieu. Jésus, dans sa prière sacerdotale, donne une définition lumineuse de la vie éternelle : « *Or, la vie éternelle, c'est qu'ils te connaissent, toi, le seul vrai Dieu, et celui que tu as envoyé, Jésus-Christ* » *(Jean 17:3).* La connaissance de Dieu, dans ce contexte, ne se limite pas à une compréhension intellectuelle, mais implique une relation intime et profonde, un partage de la vie même de Dieu.

Cette communion est le cœur même de la vie éternelle. Au-delà des bénédictions matérielles ou des récompenses célestes, la promesse la plus précieuse est la possibilité de vivre en présence de Dieu, d'être pleinement connu et d'être transformé à l'image de Son Fils. L'apôtre Jean nous rappelle cette promesse dans sa première épître : « *Nous savons que lorsque Christ paraîtra, nous serons semblables à lui, parce que nous le verrons tel qu'il est* » *(1 Jean 3:2).* Cette transformation à l'image du Christ, rendue possible par la vision béatifique, est le couronnement de la vie éternelle.

La Vie Éternelle : Un Héritage Incorruptible

La promesse de la vie éternelle est également décrite dans les Écritures comme un héritage. Dans sa première lettre, l'apôtre Pierre parle de cet héritage « *qui ne peut ni se corrompre, ni se souiller, ni se flétrir, lequel vous est réservé dans les cieux* » *(1 Pierre 1:4).* Ce verset met en lumière la nature incorruptible de l'espérance chrétienne. Contrairement aux richesses terrestres, qui sont sujettes à la rouille, à la dévaluation et à la perte, l'héritage promis par Dieu est inaltérable, éternel et sécurisé dans le royaume céleste.

Cet héritage est réservé à ceux qui sont nés de nouveau par l'Esprit de Dieu. Jésus, en parlant avec Nicodème, a souligné cette vérité : « *Si un homme ne naît de nouveau, il ne peut voir le royaume de Dieu » (Jean 3:3).* La nouvelle naissance est donc la condition sine qua non pour entrer dans la vie éternelle. Par la foi en Christ, les croyants sont adoptés comme enfants de Dieu, et en tant que tels, ils sont cohéritiers avec Christ (Romains 8:17). Cette filiation divine confère aux croyants une dignité inestimable et une espérance vivante qui ne peut être ébranlée.

La Vie Éternelle : La Consommation de la Promesse

La pleine réalisation de la promesse de la vie éternelle sera manifestée à la seconde venue de Christ. L'apôtre Paul, dans sa lettre aux Thessaloniciens, décrit cet événement glorieux *: « Car le Seigneur lui-même, à un signal donné, à la voix d'un archange, et au son de la trompette de Dieu, descendra du ciel, et les morts en Christ ressusciteront premièrement. Ensuite, nous les vivants, qui serons restés, nous serons tous ensemble enlevés avec eux sur des nuées, à la rencontre du Seigneur dans les airs, et ainsi nous serons toujours avec le Seigneur » (1 Thessaloniciens 4:16-17).* Ce passage dépeint l'accomplissement ultime de la promesse : être avec le Seigneur pour l'éternité.

La résurrection des morts et l'enlèvement des vivants marqueront le début de la vie éternelle dans sa plénitude. À ce moment-là, toutes les souffrances, les larmes et les douleurs de ce monde disparaîtront, car *« il essuiera toute larme de leurs yeux, et la mort ne sera plus ; il n'y aura plus ni deuil, ni cri, ni douleur, car les premières choses ont disparu » (Apocalypse 21:4).* Cette vision eschatologique de l'éternité est une source d'espérance inépuisable pour les croyants, leur rappelant que les tribulations présentes ne sont rien en comparaison de la gloire à venir (Romains 8:18).

La Promesse de la Vie Éternelle comme Source d'Espérance

La promesse de la vie éternelle est le fondement même de l'espérance chrétienne. Elle offre une perspective qui transcende les réalités passagères de ce monde et oriente les croyants vers un avenir glorieux avec Dieu. Cette promesse est un don gratuit, une communion ininterrompue avec Dieu, un héritage incorruptible et une réalité future qui sera pleinement réalisée lors du retour de Christ.

Les croyants, en s'appuyant sur cette promesse, trouvent la force de persévérer, de vivre dans la sainteté, et d'anticiper avec joie l'accomplissement de toutes les promesses divines. Ainsi, la vie éternelle n'est pas seulement une espérance pour l'avenir, mais une réalité vécue au présent, dans la communion avec le Dieu vivant, par Jésus-Christ notre Seigneur.

8.2 Le ciel: notre maison éternelle

L'espérance chrétienne s'enracine profondément dans la promesse d'une demeure céleste, un lieu où les afflictions terrestres s'évanouissent pour faire place à une vie de plénitude et de communion éternelle avec Dieu. Cette espérance est ancrée dans les paroles de Jésus lui-même, qui a déclaré : *« Il y a plusieurs demeures dans la maison de mon Père. Si cela n'était pas, je vous l'aurais dit. Je vais vous préparer une place. »* *(Jean 14:2)*. Ces paroles résonnent comme une douce mélodie dans l'âme du croyant, lui rappelant que cette terre n'est qu'un passage, un pèlerinage vers une patrie meilleure, un lieu où l'éternité se conjugue avec la béatitude.

La promesse d'une maison céleste

Le ciel est souvent décrit dans les Écritures comme une cité, une maison ou une demeure, des termes qui évoquent à la fois sécurité, appartenance et intimité. Dans l'Apocalypse, la vision de la *« nouvelle Jérusalem » descendante du ciel, préparée comme une épouse pour son époux, symbolise à la fois la perfection et la pureté de cette habitation divine (Apocalypse 21:2)*. Ici, le ciel n'est pas simplement un lieu géographique, mais une réalité spirituelle où Dieu lui-même réside avec son peuple.

L'image de la nouvelle Jérusalem nous rappelle que le ciel est un lieu de communion. En effet, cette cité est décrite comme un lieu où *« le tabernacle de Dieu est avec les hommes » (Apocalypse 21:3),* un lieu où la séparation entre Dieu et l'homme, conséquence du péché, est définitivement abolie. Le ciel est donc cette maison éternelle où les croyants vivent en présence directe de Dieu, jouissant de sa lumière et de sa gloire sans fin. Ici, *« il n'y aura plus de nuit »* car *« le Seigneur Dieu les éclairera »*

(*Apocalypse 22:5*), signifiant que la connaissance parfaite de Dieu éclairera tous les aspects de la vie des saints.

Une demeure de paix et de repos

Dans le ciel, notre maison éternelle, toutes les luttes et les souffrances de ce monde trouveront leur fin. Il est écrit *: « Dieu essuiera toute larme de leurs yeux, et la mort ne sera plus, il n'y aura plus ni deuil, ni cri, ni douleur, car les premières choses ont disparu* » (*Apocalypse 21:4*). Cette promesse est l'expression d'un espoir profond, celui d'un lieu où la paix règne en maître, où le repos succède aux fatigues de la vie terrestre.

L'image du ciel comme lieu de repos est récurrente dans la Bible. Hébreux 4:9-11 parle d'un « repos pour le peuple de Dieu », un repos qui n'est pas simplement une cessation d'activités, mais une entrée dans une dimension de vie où la plénitude du salut est pleinement expérimentée. Ce repos est à la fois spirituel et eschatologique, offrant au croyant une anticipation du repos éternel en Dieu.

Dans cette demeure céleste, le repos n'est pas l'oisiveté, mais une participation active à la vie divine. Le travail des croyants, autrefois marqué par la sueur et la peine, devient un service joyeux, une expression de leur adoration et de leur amour pour Dieu. « *Ses serviteurs le serviront, ils verront sa face, et son nom sera sur leurs fronts* » (*Apocalypse 22:3-4*). Le ciel est donc cette maison où le service et l'adoration se fondent dans une harmonie parfaite, où chaque acte est une offrande d'amour purifiée par la présence divine.

La communion des saints

Le ciel, en tant que maison éternelle, n'est pas seulement le lieu de la communion avec Dieu, mais aussi avec tous les saints. L'auteur de l'épître aux Hébreux évoque cette réalité lorsqu'il parle de « *l'assemblée générale et l'Église des premiers-nés inscrits dans les cieux* » (*Hébreux 12:23*). C'est une communion des saints qui transcende le temps et l'espace, une union spirituelle de tous ceux qui ont placé leur foi en Christ, depuis le commencement du monde jusqu'à la fin des temps.

Dans cette communion céleste, les barrières de langue, de culture, et d'époque s'évanouissent. Tous les croyants, rassemblés autour du trône de Dieu, participent à une louange universelle : « *Après cela, je regardai, et voici, il y avait une grande foule que personne ne pouvait compter, de toute nation, de toute tribu, de tout peuple, et de toute langue, debout devant le trône et devant l'Agneau, revêtus de robes blanches, et des palmes dans leurs mains* » *(Apocalypse 7:9).* Cette vision céleste de l'unité dans la diversité offre une anticipation du royaume de Dieu, où tous les peuples sont réunis dans une harmonie parfaite.

Cette communion des saints est marquée par l'amour, un amour pur et parfait, exempt de tout égoïsme et de toute imperfection. L'amour, qui a été le commandement suprême sur terre, devient dans le ciel la langue commune des élus. Loin des luttes et des divisions qui marquent la vie terrestre, le ciel est un lieu de réconciliation et de paix où l'amour de Dieu unit chaque croyant dans une fraternité éternelle.

Une demeure où l'espoir devient réalité

Dans le ciel, notre maison éternelle, toutes les promesses de Dieu trouvent leur accomplissement. Ce que nous avons espéré ici-bas, souvent de manière obscure et imparfaite, se réalise pleinement dans la lumière de la présence divine. Paul écrit : « *Car nous marchons par la foi et non par la vue* » *(2 Corinthiens 5:7),* mais au ciel, la foi cède la place à la vision, et l'espérance devient réalité. La vie éternelle promise devient la vie pleinement vécue dans la présence du Seigneur.

Là où sur terre nous avions seulement un avant-goût, au ciel, nous goûterons pleinement à la richesse de la vie en Christ. L'apôtre Jean exprime cette transformation lorsqu'il dit : « *Bien-aimés, nous sommes maintenant enfants de Dieu, et ce que nous serons n'a pas encore été manifesté ; mais nous savons que lorsque cela sera manifesté, nous serons semblables à lui, parce que nous le verrons tel qu'il est* » *(1 Jean 3:2).* Cette révélation ultime est la consommation de notre espérance, où tout ce qui était caché est révélé, et tout ce qui était fragmenté est rendu complet.

L'éternité dans la présence de Dieu

Le ciel, comme maison éternelle, est aussi le lieu où nous serons pour toujours avec le

Seigneur. Paul exprime cette réalité avec une simplicité frappante : *« Et ainsi nous serons toujours avec le Seigneur » (1 Thessaloniciens 4:17)*. Cette affirmation est au cœur de l'espérance chrétienne. Être avec le Seigneur, c'est l'aboutissement de tous les désirs humains, la fin de toutes les quêtes, la réponse à toutes les prières.

Dans la présence de Dieu, nous expérimenterons une communion d'amour qui surpasse tout ce que nous pouvons imaginer sur terre. Cette communion est décrite dans l'Apocalypse comme des noces, les noces de l'Agneau, où Christ, l'époux céleste, accueille son Église comme son épouse bien-aimée (Apocalypse 19:7-9). Le ciel est donc le lieu de cette union mystique et éternelle, où l'amour de Dieu est pleinement manifesté et partagé entre le Créateur et ses créatures.

L'appel à la patrie céleste

L'espérance du ciel, notre maison éternelle, est plus qu'une simple anticipation de l'avenir. Elle est une réalité qui transforme notre vie présente, nous poussant à vivre comme des citoyens du ciel ici-bas. Paul exhorte les croyants à *« chercher les choses d'en haut, où Christ est assis à la droite de Dieu » (Colossiens 3:1)*. Cette recherche des réalités célestes ne signifie pas une fuite du monde, mais un engagement à vivre selon les valeurs du royaume de Dieu, avec la certitude que notre vraie patrie est au ciel.

Vivre dans l'attente de notre maison céleste, c'est marcher chaque jour avec la conscience que notre vie sur terre est un voyage, une préparation pour l'éternité. C'est se rappeler, comme l'écrivait l'apôtre Pierre, que *« nous attendons, selon sa promesse, de nouveaux cieux et une nouvelle terre, où la justice habitera » (2 Pierre 3:13)*. Cette attente n'est pas passive, mais active, marquée par une foi vivante et une espérance ardente, qui trouve sa joie et son accomplissement dans la certitude que le ciel est notre destinée finale, notre maison éternelle, préparée par Dieu pour ceux qui l'aiment.

8.3 La Communion avec Dieu pour l'Éternité

Dans le récit grandiose de la rédemption, l'aspiration ultime du croyant n'est rien de moins que la communion éternelle avec Dieu. Cette communion, préfigurée tout au long de l'histoire biblique, est la culmination de l'espérance chrétienne, où les fidèles sont appelés à habiter pour toujours dans la présence de leur Créateur et Rédempteur. Le regard fixé sur cette réalité éternelle, les Écritures nous invitent à envisager une relation non seulement restaurée, mais transcendée, une union qui dépasse la plus haute intimité que l'esprit humain puisse concevoir.

L'Anticipation Biblique de la Communion Éternelle

Depuis le jardin d'Éden, où Dieu marchait avec Adam dans la fraîcheur du jour (Genèse 3:8), jusqu'à la vision glorieuse de la nouvelle Jérusalem où *"le tabernacle de Dieu est avec les hommes" (Apocalypse 21:3),* la communion divine a toujours été au cœur du dessein rédempteur de Dieu. La chute de l'humanité, bien qu'elle ait brisé cette communion parfaite, n'a jamais altéré le dessein de Dieu. Au contraire, elle a déclenché un plan de rédemption, visant à restaurer et même à approfondir cette relation intime avec Ses créatures.

Le roi David exprimait cette aspiration dans le *Psaume 27:4 : "Je demande à l'Éternel une chose, que je désire ardemment : Je voudrais habiter toute ma vie dans la maison de l'Éternel, pour contempler la magnificence de l'Éternel et pour admirer son temple."* Cette prière du psalmiste, empreinte de désir spirituel, révèle l'essence de la vie éternelle : être en présence de Dieu, goûter à Sa bonté, et contempler Sa beauté sans fin.

Dans le Nouveau Testament, Jésus Lui-même a donné un aperçu de cette communion future lorsqu'Il a promis à Ses disciples : *"Je vais vous préparer une place… afin que là où je suis vous y soyez aussi" (Jean 14:2-3).* Cette promesse est une ancre pour l'espérance chrétienne, une garantie que la vie éternelle n'est pas simplement une existence prolongée, mais une participation active à la vie de Dieu, une communion intime avec Lui pour l'éternité.

La Plénitude de la Communion en Christ

La réconciliation avec Dieu, opérée par Christ, est le fondement sur lequel repose notre communion éternelle. Par Son sacrifice expiatoire, Jésus a ouvert un accès direct au Père, brisant le voile qui séparait l'homme de la présence divine (Matthieu 27:51). Cette réconciliation n'est pas seulement juridique, elle est profondément relationnelle, car Christ ne nous a pas seulement délivrés du péché, mais Il nous a réintégrés dans la famille de Dieu, nous donnant le privilège de devenir enfants de Dieu (Jean 1:12).

L'apôtre Paul capture cette vérité lorsqu'il écrit aux Éphésiens : *"Vous n'êtes plus des étrangers, ni des gens du dehors; mais vous êtes concitoyens des saints, gens de la maison de Dieu"* (Éphésiens 2:19). Ici, Paul dépeint une image de proximité et d'appartenance qui sera pleinement réalisée dans l'éternité. En Christ, nous ne sommes pas seulement réconciliés, mais aussi adoptés, faits cohéritiers avec Lui (Romains 8:17), et nous attendons avec impatience le jour où nous Le verrons face à face (1 Corinthiens 13:12).

Cette communion éternelle, réalisée en Christ, ne se limite pas à une simple contemplation passive. Elle implique une participation active à la vie divine, une union mystique où le croyant est pleinement immergé dans l'amour de Dieu. Dans cette communion, toutes les promesses de Dieu trouvent leur accomplissement ultime, et la vision de la gloire divine devient l'objet de notre éternel émerveillement.

L'Éternité : Un Présent Continu en Dieu

L'éternité est l'horizon vers lequel l'âme humaine est irrémédiablement attirée, cette sphère infinie où le temps tel que nous le connaissons s'efface devant l'omniprésence de Dieu. Si l'espérance chrétienne nous propulse vers cet avenir glorieux, l'éternité elle-même transcende les attentes temporelles. En Dieu, l'éternité est la plénitude du présent, une réalité ininterrompue, un flux constant de vie et de communion avec le Créateur.

Dans cette dimension divine, le passé et le futur n'existent plus. Tout se concentre dans un instant perpétuel où chaque moment est vécu dans la complétude de l'amour de

Dieu. L'Apocalypse 21:4 révèle que dans cette éternité, *« il essuiera toute larme de leurs yeux. Il n'y aura plus de mort ; il n'y aura plus ni deuil, ni cri, ni douleur, car les premières choses ont disparu »*. Ces « premières choses » appartiennent au monde déchu, au temps marqué par la souffrance et la séparation, mais l'éternité, c'est la pleine réconciliation de l'homme avec son Créateur. Le ciel nouveau et la terre nouvelle représentent non seulement une nouvelle création, mais une nouvelle manière d'être, où l'existence n'est plus gouvernée par les cycles du temps, mais par la vie abondante et inaltérable en Dieu.

Ainsi, l'éternité n'est pas un simple prolongement du temps, mais un état d'être dans lequel l'âme est continuellement en présence de Dieu, sans la contrainte de l'attente ou de la nostalgie. Paul déclare dans *1 Corinthiens 13:12, « Aujourd'hui, nous voyons au moyen d'un miroir, d'une manière obscure, mais alors nous verrons face à face »*. Dans l'éternité, cette vision face à face devient le cœur de l'existence. Là où le voile du temps nous sépare de la pleine communion avec Dieu, l'éternité est l'expérience constante de Sa gloire, sans obstacle, sans limite.

Le croyant ne vit plus dans l'attente d'une promesse, car celle-ci s'accomplit entièrement. Ce qui était jadis espérance devient une réalité présente, vécue dans l'émerveillement continuel de la grâce de Dieu. *« Or, la foi, l'espérance et l'amour demeurent »*, écrit Paul *(1 Corinthiens 13:13)*, mais dans l'éternité, l'espérance trouve son terme. Ce n'est plus une espérance vers quelque chose à venir, mais l'aboutissement de cette attente dans une jouissance parfaite et ininterrompue de la présence divine.

En ce sens, l'éternité est une invitation à participer à la nature éternelle de Dieu. L'homme, qui vivait autrefois en proie à la finitude de son existence, accède à une vie sans limite. Jean 17:3 éclaire cette dimension transcendante en affirmant : *« Or, la vie éternelle, c'est qu'ils te connaissent, toi, le seul vrai Dieu, et celui que tu as envoyé, Jésus-Christ »*. Connaître Dieu ne se limite pas à une compréhension intellectuelle ou théologique, mais devient une expérience de tous les instants, un déversement perpétuel de la sagesse divine, de l'amour infini, et de la paix inaltérable.

Ainsi, dans cette éternité bienheureuse, le croyant entre dans la parfaite plénitude de la communion divine, où tout est accompli, tout est parfait. C'est là l'ultime triomphe de l'espérance chrétienne : elle nous mène non seulement à la promesse d'un futur glorieux, mais à la découverte d'une existence infiniment présente en Dieu.

Vision béatifique : Voir Dieu face à face

La vision béatifique, cette sublime promesse de l'au-delà, transcende tout ce que l'humanité peut concevoir. Elle est l'ultime aboutissement de l'espérance chrétienne, où l'âme purifiée par la grâce est enfin accueillie dans la pleine présence de Dieu. Dans cette rencontre ineffable, les croyants ne verront plus Dieu à travers les ombres et les signes, comme à travers un miroir imparfait (1 Corinthiens 13:12), mais ils Le verront "face à face" dans une relation directe, intime et complète.

Cette vision divine est plus qu'une simple perception des sens. Elle représente l'union parfaite de l'âme avec son Créateur, une communion immédiate et ininterrompue qui transcende les limites de la connaissance humaine. Dans cette lumière pure, l'âme sera comblée de l'amour éternel et de la sagesse divine, non pas par des concepts abstraits, mais dans une relation vivante et pleinement présente.

Jean, dans son Apocalypse, évoque cette promesse incommensurable en déclarant : « *Ils verront sa face, et son nom sera sur leurs fronts » (Apocalypse 22:4).* Il est difficile de saisir cette réalité en termes terrestres, car la vision béatifique dépasse nos facultés humaines. Elle est une participation directe à la gloire divine, à la vie même de Dieu. C'est l'accomplissement ultime de notre destinée, où les croyants, après avoir persévéré dans la foi et l'espérance, sont transformés et introduits dans une relation d'amour et de gloire infinie avec leur Créateur.

Ainsi, la vision béatifique ne représente pas seulement une fin, mais l'accomplissement parfait de l'existence humaine, où l'homme, créé à l'image de Dieu, retrouve enfin sa plénitude en Lui. Dans ce face-à-face glorieux, l'espérance cède la place à la contemplation éternelle, et la foi se transforme en une connaissance parfaite et absolue de Dieu.

La Louange Éternelle : Une Réponse Inépuisable à la Communion Divine

La communion éternelle avec Dieu se traduira par une adoration sans fin, une louange ininterrompue qui surgit du cœur des rachetés en réponse à la révélation continue de la gloire divine. Cette louange, loin d'être monotone, sera constamment renouvelée par la découverte toujours plus profonde de la beauté, de la sagesse, et de la sainteté de Dieu. Comme le dit l'Apocalypse *: "Jour et nuit, ils disent sans cesse : Saint, saint, saint est le*

La louange éternelle est plus qu'une simple réponse verbale; elle est l'expression complète de la joie, de la gratitude, et de l'amour que les croyants ressentiront en étant immergés dans la présence de Dieu. L'adoration deviendra l'activité centrale de l'éternité, non par obligation, mais par une spontanéité qui jaillit de la reconnaissance de la grandeur infinie de Dieu. Cette louange, qui résonnera à travers les cieux nouveaux et la terre nouvelle, sera une harmonie parfaite, unissant les voix de tous les rachetés dans une symphonie éternelle.

Ainsi, la communion avec Dieu pour l'éternité, loin d'être une simple continuité de l'existence, sera une participation à la vie divine dans toute sa plénitude. Chaque aspect de cette communion, qu'il s'agisse de la vision béatifique, de la connaissance intime de Dieu, ou de la louange inépuisable, reflète la profondeur de l'amour et de la grâce de Dieu. C'est cette communion qui constitue l'espérance suprême des croyants, une espérance qui trouve son accomplissement dans la présence éternelle de Dieu, où Il est "tout en tous" (1 Corinthiens 15:28).

Chapitre 9

L'espérance et la sanctification

9.1 Le processus de sanctification

Le processus de sanctification est une réalité profonde, riche en mystère et en grâce, une œuvre divine qui s'étend tout au long de la vie du croyant. C'est une transformation continue de l'âme, où le croyant est progressivement modelé pour se conformer à l'image du Christ. Loin d'être un simple événement ponctuel ou une expérience passagère, la sanctification est une démarche progressive, impliquant la coopération active de l'homme et la puissance de la grâce divine. Elle commence au moment de la conversion, lorsque l'âme est régénérée par l'Esprit Saint, et se poursuit tout au long de la vie terrestre, au milieu des épreuves, des combats spirituels et des victoires.

Ce processus ne se limite pas à des changements superficiels, mais touche au plus profond de l'être, transformant les pensées, les désirs, et les actions du croyant, afin qu'ils reflètent la sainteté et la pureté du Christ. L'espérance chrétienne joue un rôle central dans cette transformation, car elle oriente constamment le regard du croyant vers l'avenir glorieux que Dieu a promis. Cette espérance donne la force de persévérer malgré les luttes terrestres, sachant que, bien que le chemin soit parsemé de difficultés, il mène à la gloire éternelle.

Le fondement de ce processus repose entièrement sur l'œuvre rédemptrice du Christ. Par Sa mort et Sa résurrection, Il a brisé le pouvoir du péché et a ouvert la voie à la sanctification de ceux qui croient en Lui. Le sacrifice de Jésus sur la croix n'a pas seulement réconcilié l'homme avec Dieu, mais il a aussi rendu possible une transformation intérieure, une nouvelle création qui se réalise progressivement. Cette sanctification est rendue effective par l'Esprit Saint, qui habite en chaque croyant et opère cette transformation jour après jour.

Cependant, il est important de noter que la sanctification, bien qu'elle soit progressive dans cette vie, atteindra son accomplissement total au retour glorieux de notre Seigneur Jésus-Christ. À ce moment-là, ceux qui ont été sanctifiés entreront dans la gloire céleste, où toute trace de péché sera effacée, et où la perfection en Christ sera pleinement réalisée. Dans l'éternité, il n'y aura plus de progression dans la sanctification, car tout ce qui est en présence de Dieu sera saint. Le croyant, ayant traversé le voyage de sanctification sur terre, sera revêtu de la sainteté parfaite et vivra dans la lumière glorieuse de Dieu, sans plus de lutte contre le péché ou de besoin de transformation.

Ainsi, la sanctification, bien qu'elle soit un processus qui s'étend tout au long de la vie terrestre, est orientée vers cette réalité céleste où tout est achevé. Cette perspective éclaire la vie du chrétien et lui donne la force de persévérer avec l'assurance que le travail que Dieu a commencé en lui sera porté à son terme. La sanctification est donc à la fois un acte de grâce immédiat et un chemin de transformation continue, culminant dans l'éternité où la plénitude de la sainteté sera vécue dans la présence glorieuse du Seigneur.

La sanctification : un processus divinement orchestré

Le terme "sanctification" trouve son origine dans le latin "sanctificatio", signifiant "action de rendre saint". Dans la perspective biblique, il s'agit d'une œuvre profonde et continue de Dieu, réalisée par l'intervention active du Saint-Esprit, par laquelle le croyant est purifié du péché et mis à part pour une vie de sainteté. Ce processus dépasse la simple notion de transformation morale. Il s'inscrit dans un cadre spirituel plus vaste, où la sanctification n'est pas seulement une œuvre humaine de progrès, mais un processus divinement orchestré qui reflète la nature même de Dieu dans la vie de ceux qu'Il a appelés.

Contrairement à la justification, qui est un acte juridique unique et instantané où Dieu, par Sa grâce, déclare le pécheur juste sur la base de la foi en Christ, la sanctification est une transformation progressive et continue du caractère du croyant, visant à le conformer à l'image même de Christ. Si la justification nous place en position légale de justice devant Dieu, la sanctification nous conduit à une purification progressive de tout ce qui entrave la plénitude de cette justice dans nos vies.

La sanctification se manifeste sous deux formes complémentaires. D'une part, il y a la "sanctification positionnelle", qui est l'état initial de sainteté conféré au croyant au moment de sa conversion. À ce stade, le croyant est déjà mis à part, consacré pour Dieu, et identifié comme saint en vertu du sacrifice parfait de Christ. L'auteur de l'épître aux Hébreux l'illustre clairement en déclarant : *« Nous avons été sanctifiés, une fois pour toutes, par l'offrande du corps de Jésus-Christ. » (Hébreux 10:10).* Cette sanctification positionnelle est une réalité spirituelle immédiate, un privilège accordé à tous ceux qui sont en Christ. À travers elle, le croyant entre dans une relation nouvelle avec Dieu, libre des accusations du péché, grâce à l'œuvre accomplie à la croix.

D'autre part, il y a la "sanctification progressive", qui est le développement continu de cette sainteté tout au long de la vie chrétienne. Bien que nous soyons déjà saints aux yeux de Dieu par notre position en Christ, cette sainteté doit être pleinement manifestée dans nos pensées, nos attitudes et nos actions. La sanctification progressive est donc un processus de transformation constante, un cheminement spirituel au cours duquel l'âme est affinée, purifiée et rendue conforme à la pureté et à la perfection de Christ. Ce processus est un voyage, une marche quotidienne par laquelle le croyant, avec l'aide du Saint-Esprit, apprend à se défaire des œuvres de la chair et à revêtir les vertus de Christ.

Ce chemin de sanctification, bien qu'exigeant, est soutenu par l'espérance. En effet, c'est l'espérance qui donne au croyant la force nécessaire pour persévérer dans cette marche. L'espérance en Christ ne se contente pas de fixer le regard vers l'éternité, mais elle fortifie le croyant dans le moment présent, lui rappelant que, bien que le processus de sanctification puisse parfois être ardu, le but ultime est de partager la gloire de Dieu. L'apôtre Paul nous encourage à cette espérance lorsqu'il écrit : *« Et non seulement cela, mais nous nous glorifions même dans les afflictions, sachant que l'affliction produit la persévérance, la persévérance la victoire dans l'épreuve, et cette victoire l'espérance. »(Romains 5:3-4).* Cette espérance ne déçoit point, car elle est fondée sur les promesses de Dieu et sur l'assurance de Sa fidélité.

La sanctification progressive est donc un appel à la transformation quotidienne, une invitation à embrasser pleinement la vie de sainteté que Dieu a préparée pour Ses enfants. Ce n'est pas un processus instantané, mais un travail minutieux de Dieu dans la vie du croyant, souvent comparé à l'œuvre d'un artisan qui façonne patiemment son œuvre jusqu'à ce qu'elle reflète la beauté désirée. Chaque épreuve, chaque défi, chaque victoire spirituelle fait partie de cette œuvre divine qui nous conduit de gloire en gloire, jusqu'à ce que nous soyons pleinement conformés à l'image de Christ (2 Corinthiens 3:18).

Ainsi, la sanctification, loin d'être une simple étape dans la vie chrétienne, est l'expression même de l'œuvre rédemptrice de Dieu qui nous prépare à la plénitude de Sa gloire. C'est un processus qui se poursuit tout au long de la vie terrestre du croyant, jusqu'à ce que cette sanctification soit pleinement achevée dans l'éternité, lorsque nous serons rendus parfaits en Sa présence. Ce chemin de sanctification est certes ardu, mais il est également glorieux, car il nous conduit à la plénitude de la communion avec Dieu, une communion qui se trouve pleinement accomplie lorsque nous serons transformés à Son image parfaite, sans tache ni ride, dans l'éternité.

L'espérance : un moteur pour la sanctification

L'espérance chrétienne n'est pas un simple souhait de bien-être futur, mais une attente ferme et certaine, ancrée dans les promesses infaillibles de Dieu. Cette espérance, semblable à une boussole, guide le croyant tout au long du chemin parfois difficile de la sanctification. En Romains 5:2-5, l'apôtre Paul déclare : "*Nous nous glorifions dans l'espérance de la gloire de Dieu. Bien plus, nous nous glorifions même dans les afflictions, sachant que l'affliction produit la persévérance, la persévérance la victoire dans l'épreuve, et cette victoire l'espérance. Or, l'espérance ne trompe point, parce que l'amour de Dieu est répandu dans nos cœurs par le Saint-Esprit qui nous a été donné.*"

L'espérance agit non seulement comme un encouragement à persévérer, mais aussi comme un puissant agent transformateur dans le processus de sanctification. Elle pousse le croyant à rejeter les œuvres des ténèbres et à revêtir les armes de la lumière (Romains 13:12), conscient que l'accomplissement des promesses divines est proche. Cette espérance purifie, car "*quiconque a cette espérance en lui se purifie, comme lui-même est pur*" (1 Jean 3:3). Ainsi, l'espérance inspire un désir constant de sainteté, entraînant un changement profond et durable.

Le processus de sanctification ne se déroule pas dans un vide spirituel ; il est profondément enraciné dans la promesse du retour glorieux de Christ et dans l'attente fervente de la rédemption totale. Cette anticipation du retour du Seigneur motive le croyant à vivre une vie digne de l'Évangile, à se détourner des anciennes voies de l'impureté et à aspirer à la pureté et à la sainteté, sachant que le *Jour du Seigneur viendra comme un voleur dans la nuit* (1 Thessaloniciens 5:2). Ainsi, l'espérance éclaire chaque étape du chemin de la sanctification, jusqu'à ce que le croyant soit pleinement transformé à l'image de Christ.

Le rôle du Saint-Esprit dans la sanctification

Le rôle du Saint-Esprit dans la sanctification est fondamental et indissociable de l'œuvre divine dans la vie du croyant. C'est par Lui que l'homme régénéré est transformé de l'intérieur, selon la volonté souveraine de Dieu, pour devenir conforme à l'image de Christ. Le Saint-Esprit agit comme la force motrice de cette transformation, implantant en nous non seulement le désir de faire le bien, mais également la capacité de le réaliser. Comme l'apôtre Paul l'a exprimé dans sa lettre aux Philippiens : *"C'est Dieu qui produit en vous le vouloir et le faire, selon son bon plaisir" (Philippiens 2:13)*. Cette action divine ne se limite pas à un simple encouragement extérieur, mais à une transformation profonde et continue du cœur humain.

En tant que sceau de notre héritage éternel, le Saint-Esprit est également le garant de notre appartenance à Dieu (Éphésiens 1:13-14). Ce sceau n'est pas une simple formalité spirituelle, mais une preuve vivante et active de notre adoption en tant qu'enfants de Dieu. Le Saint-Esprit sanctifie chaque croyant, le purifiant, le rendant saint et apte à participer à la nature divine (2 Pierre 1:4). Ce processus de sanctification s'étend à tous les aspects de la vie chrétienne, affectant nos pensées, nos désirs, nos paroles, et nos actions. C'est Lui qui nous conduit dans la vérité (Jean 16:13), nous enseignant à marcher selon la justice, et nous révélant graduellement la profondeur des mystères de Dieu à travers la Parole.

Le Saint-Esprit œuvre principalement à travers la Parole de Dieu. En illuminant l'esprit du croyant, Il permet une compréhension plus profonde des Écritures, lesquelles sont la source de la vérité sanctifiante. Jésus, dans sa prière sacerdotale, a demandé au Père : *"Sanctifie-les par ta vérité : ta parole est la vérité" (Jean 17:17)*. La Parole de Dieu est comme un miroir spirituel, nous révélant notre état et nous appelant à une transformation par le Saint-Esprit. C'est pourquoi, sans une relation vivante avec les Écritures, il est impossible de progresser dans la sanctification. Le Saint-Esprit nous ouvre les yeux pour discerner les vérités profondes, pour nous corriger et pour nous rendre conformes à la volonté divine.

Outre l'illumination par la Parole, le Saint-Esprit produit également en nous le fruit de l'Esprit, qui est l'expression visible d'une vie sanctifiée. Ces vertus, telles que l'amour, la joie, la paix, la patience, la bonté, la bienveillance, la fidélité, la douceur et la maîtrise de soi (Galates 5:22-23), ne sont pas simplement des qualités humaines, mais des fruits divins, cultivés dans le croyant par l'action du Saint-Esprit. Ce fruit est la preuve tangible de l'œuvre sanctificatrice de Dieu dans la vie de celui qui marche selon l'Esprit et non selon la chair. Ainsi, la sanctification n'est pas simplement un changement de comportement, mais un renouvellement profond du caractère, qui reflète de plus en plus la sainteté de Christ.

Le Saint-Esprit utilise également les circonstances de la vie, y compris les épreuves et les tribulations, pour nous affiner et nous purifier. Chaque difficulté, chaque souffrance devient, dans les mains de Dieu, un instrument pour nous sanctifier. Comme l'or est raffiné dans le feu, ainsi les croyants sont purifiés dans la fournaise des épreuves. Les souffrances ne sont donc pas vaines, mais elles contribuent à former en nous un caractère saint et à produire une foi plus ferme. Pierre exhorte les croyants en ces termes *: "Bien-aimés, ne soyez pas surpris, comme d'une chose étrange qui vous arrive, de la fournaise qui est au milieu de vous pour vous éprouver. Réjouissez-vous, au contraire, de la part que vous avez aux souffrances de Christ, afin que vous soyez aussi dans la joie et l'allégresse lorsque sa gloire sera révélée" (1 Pierre 4:12-13)*. Cette perspective de joie dans la souffrance témoigne du travail du Saint-Esprit, qui nous fortifie pour supporter les épreuves avec patience et persévérance.

Ainsi, la sanctification, bien qu'elle soit un processus qui se déroule tout au long de la vie du croyant, est une œuvre entièrement orchestrée et accomplie par le Saint-Esprit. Elle ne repose pas sur nos propres efforts ou mérites, mais sur la grâce de Dieu qui agit en nous par Son Esprit. Chaque jour, à mesure que nous nous soumettons à l'influence du Saint-Esprit, nous sommes progressivement transformés en l'image de Christ, jusqu'à ce que nous atteignions la plénitude de cette transformation dans la gloire éternelle.

La responsabilité humaine dans la sanctification

Bien que la sanctification soit avant tout une œuvre divine, opérée par la grâce de Dieu et par l'action du Saint-Esprit dans le cœur des croyants, il est essentiel de comprendre que l'homme est appelé à y coopérer activement. Ce processus ne se limite pas à un simple assentiment mental ou à une posture passive où l'homme regarderait avec détachement l'œuvre sanctificatrice de Dieu. Au contraire, il s'agit d'un engagement dynamique et volontaire de la part du croyant, une réponse obéissante à l'appel de Dieu à la sainteté. L'apôtre Paul exhorte les croyants à *"travailler à leur salut avec crainte et tremblement" (Philippiens 2:12)*, soulignant ainsi la nécessité d'une participation active. Ce travail n'est pas pour gagner ou mériter le salut, qui est un don gratuit de Dieu, mais pour manifester et approfondir ce salut dans la vie quotidienne.

La sanctification implique un renoncement conscient et volontaire au péché. C'est un acte délibéré de la volonté humaine de se détourner des inclinations charnelles, de résister aux tentations du monde, et de se soumettre à la direction du Saint-Esprit. Ce processus de renonciation n'est pas instantané, mais progressif, car il s'agit de *"revêtir l'homme nouveau" (Éphésiens 4:24),* un homme qui est renouvelé selon la justice et la sainteté que produit la vérité de Dieu. Cette transformation est continue et profonde, touchant tous les aspects de la vie du croyant, de ses pensées à ses actions, de ses désirs à ses priorités. Ainsi, l'acte de sanctification ne se limite pas à l'abstention des péchés visibles ou flagrants, mais implique une purification intérieure et un renouvellement total de l'esprit et du cœur.

L'apôtre Paul, dans sa lettre aux Romains, donne une image puissante de cet engagement en exhortant les croyants à se présenter eux-mêmes *"comme un sacrifice vivant, saint, agréable à Dieu" (Romains 12:1).* Le langage du sacrifice évoque une offrande complète et irrévocable, une vie entièrement dédiée à Dieu. Cette consécration totale exige non seulement un abandon des pratiques pécheresses, mais aussi une transformation radicale du cœur, des désirs et des pensées. "*Ne vous conformez pas au siècle présent*", poursuit Paul, "*mais soyez transformés par le renouvellement de l'intelligence" (Romains 12:2).* Cette transformation n'est pas simplement une modification superficielle du comportement, mais une reconfiguration profonde de l'être intérieur, un changement d'orientation fondamental vers les valeurs du royaume de Dieu plutôt que celles du monde.

La sanctification, c'est un appel à mourir à soi-même, à renoncer à l'égoisme et aux passions de la chair. Jésus, dans un appel clair et puissant, déclare : *"Si quelqu'un veut venir après moi, qu'il renonce à lui-même, qu'il se charge chaque jour de sa croix, et qu'il me suive" (Luc 9:23).* Ce chemin de renoncement quotidien, où le croyant abandonne ses propres volontés, ses propres désirs et ses propres ambitions pour embrasser la volonté de Dieu, est difficile et ardu. Cela implique de choisir chaque jour la voie de l'humilité, de l'obéissance, et du service, même lorsque cette voie semble inconfortable ou coûteuse.

Cependant, bien que ce chemin de renoncement et de sacrifice puisse paraître difficile, il est en réalité glorieux, car il conduit à une communion plus intime avec Dieu. En renonçant à soi-même et en prenant sa croix, le croyant se conforme à l'image du Christ, qui a lui-même embrassé la croix pour le salut du monde. Cette union avec Christ dans la souffrance et le renoncement ouvre la voie à une transformation profonde, où le croyant devient de plus en plus conforme à l'image de son Sauveur. L'apôtre Paul exprime cette vérité en disant : *"Je suis crucifié avec Christ ; et si je vis, ce n'est plus moi qui vis, c'est Christ qui vit en moi" (Galates 2:20)*. Ainsi, la sanctification n'est pas seulement un processus de purification, mais aussi un chemin vers une vie nouvelle, une vie remplie de la présence de Christ.

De plus, cette sanctification active implique aussi une vigilance constante. Le croyant doit veiller et prier, afin de ne pas tomber dans la tentation (Matthieu 26:41). Il est appelé à demeurer dans la Parole de Dieu, à la méditer jour et nuit, afin que sa vie soit imprégnée des vérités divines et qu'il puisse ainsi *"marcher selon l'Esprit" et non selon la chair (Galates 5:16)*. En coopérant avec l'œuvre du Saint-Esprit, le croyant est transformé de gloire en gloire, à l'image de Christ (2 Corinthiens 3:18), devenant un témoin de la puissance de Dieu à l'œuvre dans sa vie.

Ainsi, la sanctification n'est pas un fardeau imposé au croyant, mais une invitation à entrer dans une vie de liberté et de plénitude en Dieu. C'est un appel à la sainteté, non pas par nos propres forces, mais par la grâce divine qui agit en nous. *"Ce n'est pas vous qui faites cela", dit le Seigneur, "mais c'est moi qui opère en vous, à la fois le vouloir et le faire" (Philippiens 2:13)*. C'est dans cette synergie entre la grâce divine et la réponse humaine que la sanctification devient une réalité dans la vie du croyant, une marche quotidienne vers la perfection en Christ.

Le rôle de l'Église dans la sanctification

La sanctification n'est pas simplement une quête individuelle isolée, mais elle s'inscrit dans un contexte communautaire, celui de l'Église. En tant que corps de Christ, l'Église joue un rôle fondamental dans ce processus spirituel, étant l'instrument privilégié par lequel Dieu dispense Sa grâce, forme les croyants à l'image de Christ, et les soutient dans leur marche vers la sainteté. Loin de n'être qu'une structure institutionnelle, l'Église est une communauté vivante, organique, où chaque membre est appelé à grandir ensemble dans la foi et à rechercher activement la sanctification. Ce processus est nourri par divers moyens de grâce que Dieu a institués au sein de l'Église.

Les sacrements, tels que le baptême et la Sainte Cène, jouent un rôle essentiel dans la sanctification des croyants. Le baptême, par lequel un individu entre dans la communauté de foi, symbolise la purification et la nouvelle naissance en Christ (Romains 6:4). La Sainte Cène, quant à elle, est un rappel constant du sacrifice du Christ, incitant les fidèles à une réflexion continue sur leur relation avec Dieu et les autres.

Dans cet acte de communion, les croyants sont renouvelés dans leur foi et renforcés dans leur marche de sanctification. À cela s'ajoutent la prédication régulière de la Parole de Dieu et les enseignements fidèles qui forment l'intelligence des croyants, les exhortant à une transformation de leur esprit (Romains 12:2). Par la proclamation de l'Évangile et l'explication des Écritures, l'Église aide les croyants à discerner la volonté de Dieu et à conformer leur vie à cette volonté divine.

La communion fraternelle est également un vecteur clé de sanctification. Au sein de l'Église, les croyants trouvent soutien, correction, encouragement, et intercession. Dans un monde marqué par le péché, l'Église devient une communauté où les faiblesses humaines peuvent être confrontées avec amour et vérité. Comme l'écrit l'auteur de l'épître aux Hébreux : « *Veillons les uns sur les autres, pour nous inciter à l'amour et aux bonnes œuvres. N'abandonnons pas notre assemblée…* » *(Hébreux 10:24-25)*. Cette communion fraternelle n'est pas seulement un soutien moral, mais un lieu où l'Esprit Saint agit, façonnant et affinant le caractère de chaque croyant à travers l'interaction avec ses frères et sœurs.

Un autre aspect fondamental du rôle de l'Église dans la sanctification est la discipline ecclésiastique. Il ne s'agit pas d'une punition punitive, mais plutôt d'un moyen de ramener les croyants égarés sur le chemin de la justice. L'Église a le devoir, par amour, de corriger ceux qui s'égarent et de les restaurer dans la communion avec Dieu. Ce processus de discipline vise à maintenir la pureté au sein du corps de Christ, conformément à l'exhortation de Paul : « *Otez le méchant du milieu de vous* » *(1 Corinthiens 5:13)*, mais aussi à promouvoir la repentance et la restauration.

L'apôtre Paul rappelle également que l'Église n'est pas simplement une institution humaine, mais bien "le temple de Dieu", habité par le Saint-Esprit (1 Corinthiens 3:16). Cette habitation divine confère à l'Église une nature sacrée, et par conséquent, appelle chaque croyant à une vie de sainteté. En tant que temple de Dieu, l'Église doit être un lieu où règnent la pureté et la sainteté. Chaque membre est appelé à examiner sa vie, à rechercher la sainteté, et à fuir tout ce qui pourrait souiller ce temple. Paul avertit que *"si quelqu'un détruit le temple de Dieu, Dieu le détruira; car le temple de Dieu est saint, et c'est ce que vous êtes"* *(1 Corinthiens 3:17)*. Ces paroles soulignent la gravité du péché au sein de la communauté et l'importance de la sanctification collective.

Ainsi, l'Église ne se contente pas d'être un simple rassemblement de croyants, mais elle est un outil vivant par lequel Dieu poursuit la sanctification de Son peuple. Elle est un lieu de croissance spirituelle, un espace où l'Esprit œuvre activement pour conformer chaque croyant à l'image du Christ. La sanctification, bien que personnelle dans son application, est une œuvre communautaire. Chaque chrétien, en communion avec les autres membres de l'Église, progresse dans la sainteté à travers l'enseignement, les sacrements, la communion fraternelle et la discipline, sous la direction de l'Esprit Saint qui guide l'Église dans la vérité.

La sanctification : une anticipation de la glorification

La sanctification, bien que progressive, pointe de manière indéniable vers une réalité future et glorieuse : la glorification finale des croyants. Ce processus n'est pas seulement une réforme morale ou une simple amélioration spirituelle, mais bien une préparation pour l'état parfait et éternel auquel tout disciple du Christ est destiné. À travers la sanctification, Dieu œuvre dans le cœur de ses enfants, les préparant pour le jour où, à la résurrection des morts et au retour de Christ, ils seront pleinement transformés à l'image de leur Seigneur. Ce moment ultime est décrit par l'apôtre Paul avec une espérance vibrante dans sa lettre aux Romains *: « Nous savons que, jusqu'à ce jour, toute la création soupire et souffre les douleurs de l'accouchement. Et non seulement elle, mais nous-mêmes aussi, qui avons les prémices de l'Esprit, nous soupirons en nous-mêmes, attendant l'adoption, la rédemption de notre corps »* (Romains 8:22-23). Ce soupir collectif, cette attente ardente, traduit l'anticipation du glorieux renouvellement de toutes choses, où les croyants, libérés de la corruption du péché, seront enfin revêtus de la pureté céleste.

La sanctification, bien qu'imparfaite en ce monde, est une sorte de prélude à cette glorification. C'est un processus initié par Dieu lui-même, par lequel il purifie progressivement les croyants et les prépare pour la perfection absolue qui les attend dans son royaume éternel. Elle n'est pas un simple ajustement temporaire, mais une transformation profonde et durable, opérée par le Saint-Esprit, pour que les enfants de Dieu soient de plus en plus conformés à l'image du Christ. Chaque étape de ce processus de sanctification est une occasion pour les croyants de refléter la sainteté et la pureté de leur Sauveur. Il s'agit d'une transformation intérieure qui, dans la vie quotidienne, se manifeste par une conduite extérieure empreinte de justice, d'amour et de miséricorde. La Parole de Dieu insiste sur le fait que les épreuves et les défis de cette vie, bien que parfois pénibles, servent en réalité de tremplins pour cette transformation spirituelle. Comme le souligne Jacques : *« Mes frères, regardez comme une grande joie quand vous tombez dans diverses épreuves, sachant que l'épreuve de votre foi produit la patience. Mais il faut que la patience accomplisse parfaitement son œuvre, afin que vous soyez parfaits et accomplis, sans faillir en rien »* (Jacques 1:2-4).

Ainsi, loin d'être un obstacle, les difficultés que les croyants rencontrent sont en réalité des outils dans la main de Dieu pour forger en eux une foi plus forte et plus résiliente.

À travers la sanctification, l'espérance chrétienne est renforcée à chaque étape. En effet, ce processus assure aux croyants que l'œuvre divine en eux progresse sans relâche, les amenant de plus en plus près du but ultime : la glorification. Cette anticipation nourrit la foi et encourage les croyants à persévérer dans leur marche avec Dieu. Elle agit comme une ancre solide, rappelant constamment aux fidèles que chaque moment de sanctification, chaque lutte contre le péché, chaque victoire sur soi-même, est une avancée vers le jour glorieux où ils seront entièrement et parfaitement unis avec leur Seigneur. L'apôtre Jean, dans sa première épître, met en lumière cette espérance transformative : « *Bien-aimés, nous sommes maintenant enfants de Dieu, et ce que nous serons n'a pas encore été manifesté ; mais nous savons que, lorsqu'il sera manifesté, nous serons semblables à lui, parce que nous le verrons tel qu'il est. Quiconque a cette espérance en lui se purifie, comme lui-même est pur* » (1 Jean 3:2-3). L'espérance de la glorification pousse ainsi le croyant à rechercher toujours plus la pureté et la sainteté, car il sait que cette recherche n'est pas vaine, mais aboutira à une perfection éclatante dans la présence de Dieu.

En fin de compte, la sanctification ne se limite pas à ce qui est visible ici-bas. Elle s'étend bien au-delà de la sphère temporelle pour s'enraciner dans une réalité éternelle et incorruptible. Elle est le chemin par lequel Dieu mène ses enfants vers la glorification, où leur nature sera complètement renouvelée et où ils seront rendus participants de la gloire divine. Cette réalité future éclaire le présent des croyants, leur permettant de vivre dans une espérance vibrante et une persévérance joyeuse, sachant que « *les souffrances du temps présent ne sauraient être comparées à la gloire à venir* » (Romains 8:18). La sanctification devient ainsi une anticipation joyeuse et profonde de ce que Dieu a en réserve pour ceux qui l'aiment.

9.2 L'Espérance comme Motivation pour la Sainteté

L'espérance chrétienne n'est pas une simple attente d'un futur prometteur, mais une force vivifiante et purificatrice qui influe profondément sur la vie des croyants, les poussant vers une vie de sainteté et de dévouement. En effet, la vision de la gloire promise et de la vie éternelle en Christ ne se contente pas d'être un idéal abstrait ; elle se transforme en une motivation puissante et transcendante, une véritable source d'énergie spirituelle qui incite les chrétiens à poursuivre la pureté et l'intégrité dans leur quotidien.

Cette dynamique, qui lie intimement l'espérance à la sanctification, est enracinée dans plusieurs aspects fondamentaux de la foi chrétienne. La première dimension de cette motivation se trouve dans la contemplation de la gloire future. La perspective d'un avenir glorieux avec Christ est présentée dans les Écritures comme une incitation à vivre d'une manière qui reflète cette promesse. L'apôtre Jean, dans sa première épître, écrit : *« Bien-aimés, maintenant nous sommes enfants de Dieu, et ce que nous serons n'a pas encore été manifesté. Nous savons que lorsque cela sera manifesté, nous serons semblables à lui, car nous le verrons tel qu'il est. Et quiconque a cette espérance en lui se purifie, comme lui-même est pur »* (1 Jean 3:2-3). Cette vision de l'avenir glorieux stimule le désir de purification intérieure et extérieure.

Deuxièmement, l'espérance chrétienne pousse les croyants à vivre une vie de sainteté par le biais de la transformation intérieure. L'apôtre Paul écrit aux Éphésiens : *« Vous avez appris à connaître le Christ... Vous devez vous défaire du vieux homme, qui se corrompt par les convoitises trompeuses, et vous renouveler dans l'esprit de votre esprit, et revêtir le nouvel homme, créé selon Dieu dans la justice et la sainteté de la vérité »* (Éphésiens 4:20-24). Cette transformation est facilitée par l'espérance, car elle entraîne une réorientation des désirs et des objectifs personnels vers ceux qui sont alignés avec la volonté divine. L'espérance en la résurrection et en la transformation finale du corps influence les croyants à abandonner les comportements qui ne sont pas en accord avec cette future réalité.

En outre, l'espérance comme motivation pour la sainteté se manifeste également par la force et la persévérance qu'elle confère dans les épreuves. Les difficultés et les tentations, bien que redoutables, sont perçues à la lumière de la gloire promise. L'apôtre Paul, dans sa lettre aux Romains, enseigne *que « la souffrance produit la persévérance ; la persévérance, la victoire dans l'épreuve ; et la victoire dans l'épreuve produit l'espérance »* (Romains 5:3-4). L'espérance, en tant que résultat de la persévérance dans les épreuves, devient un catalyseur pour une vie chrétienne plus pure et plus intense, consolidant la volonté de rester fidèle et d'être saint.

De plus, l'espérance purificatrice est également une conséquence de la relation personnelle avec Dieu. La prière et la méditation sur les promesses divines renforcent cette espérance, ce qui conduit à une transformation progressive du caractère. En ayant une relation vivante avec Dieu, les croyants expérimentent une communion constante avec Celui qui est la source de toute sainteté. Cette relation dynamique est alimentée par une espérance certaine en la promesse de la vie éternelle, conduisant à une croissance continue dans la sanctification.

Ainsi, l'espérance chrétienne est bien plus qu'une simple attente d'un avenir glorieux ; elle est une motivation profonde et dynamique pour la sainteté. Elle influence le caractère, guide les comportements et renforce la persévérance face aux épreuves. En contemplant la gloire promise et en s'appuyant sur les promesses divines, les croyants trouvent la force nécessaire pour mener une vie de pureté et d'intégrité, reflétant ainsi la beauté et la vérité de l'espérance chrétienne dans leur quotidien.

La Sainteté comme Réponse à l'Espérance en Christ

L'espérance chrétienne, loin d'être une simple notion abstraite, est une réalité vivante qui exerce une influence profonde et transformatrice sur le cœur et la conduite des croyants. Cette espérance est enracinée dans la promesse de la gloire à venir et dans la perspective de la transformation ultime en Christ. L'apôtre Paul, dans sa lettre aux Philippiens, exprime cette vérité en écrivant : « *Notre cité à nous est dans les cieux, d'où nous attendons aussi comme Sauveur le Seigneur Jésus-Christ, qui transformera le corps de notre humiliation pour le rendre conforme au corps de sa gloire* » (Philippiens 3:20-21). Ce passage révèle que l'espérance en la gloire future en Christ n'est pas simplement une attente passive mais une force active qui pousse le croyant à la purification personnelle.

Le regard fixé sur la réalité de la transformation future en Christ entraîne une dynamique de purification personnelle. Cette vision transcende les attentes ordinaires et devient un objectif concret dans la vie du croyant. La promesse de devenir semblable à Christ, de partager sa gloire et de vivre en sa présence, pousse chaque chrétien à aligner sa vie sur les standards élevés du royaume de Dieu. Cette aspiration n'est pas une quête isolée mais une réponse directe à la réalité de l'espérance. Le croyant, conscient de sa vocation divine, cherche à manifester dans sa vie quotidienne la pureté et la sainteté qui caractérisent le Christ.

L'espérance, dans ce contexte, devient un catalyseur puissant pour la sainteté. Elle agit comme une force motivante qui inspire le croyant à rechercher une pureté morale et spirituelle. En effet, l'espérance en la gloire future influence non seulement la manière dont les croyants envisagent leur propre transformation, mais aussi la façon dont ils vivent au quotidien. Cette transformation est rendue possible par la contemplation constante des promesses divines et par la communion continue avec Dieu. L'espérance nourrit le désir de vivre d'une manière qui reflète les valeurs du royaume de Dieu et prépare le croyant à la perfection qui l'attend.

De plus, l'espérance en Christ engendre une dynamique de sanctification progressive. Les croyants, en étant motivés par la promesse de leur future ressemblance avec le Christ, se lancent dans une démarche active de purification. Cette purification n'est pas seulement extérieure mais aussi intérieure, touchant les pensées, les désirs et les intentions du cœur. Elle se manifeste dans une vie empreinte d'intégrité, de justice et de miséricorde, alignée avec les enseignements du Christ.

La réalité de l'espérance chrétienne, alors, ne se limite pas à une simple attente d'un avenir glorieux, mais se traduit par une réponse concrète et pratique dans la vie des croyants. Cette réponse se manifeste par une recherche active de la sainteté, une purification constante du cœur et une conduite en accord avec les valeurs divines. L'espérance en Christ, loin de rester une abstraction, devient une force vivifiante qui transforme le croyant et le conduit à vivre une vie digne de sa vocation céleste.

Ainsi, la sainteté, en tant que réponse à l'espérance en Christ, est une démarche dynamique et continue, ancrée dans la promesse de la transformation future et inspirée par la vision de la gloire à venir. C'est une quête active et joyeuse vers la pureté, motivée par la certitude de la ressemblance future avec le Christ et l'attente de la plénitude de sa présence.

L'Espérance et la Motivation à la Sainteté dans la Vie Quotidienne

L'espérance en la promesse divine influence profondément la manière dont les croyants abordent les défis quotidiens et les tentations. L'apôtre Paul nous exhorte dans sa lettre aux Romains : *« Je vous exhorte donc, frères, par les compassions de Dieu, à offrir vos corps comme un sacrifice vivant, saint, agréable à Dieu, ce qui est votre culte raisonnable » (Romains 12:1).* Cette exhortation s'appuie sur la perspective de l'espérance, qui donne aux croyants la force nécessaire pour vivre une vie consacrée malgré les épreuves.

La sainteté n'est pas une réalisation isolée mais une réponse active à l'espérance de la plénitude divine. En effet, la vision de la vie éternelle et du retour glorieux de Christ incite les croyants à refuser les convoitises charnelles et à embrasser une vie de sainteté et de service. La promesse du ciel devient une réalité qui guide et oriente chaque aspect de la vie chrétienne, offrant ainsi une motivation profonde pour la pureté personnelle et communautaire.

L'Espérance comme Motif d'Encouragement dans la Lutte Spirituelle

L'espérance joue également un rôle crucial en tant que source d'encouragement dans la lutte contre le péché et la tentation. L'apôtre Pierre écrit : *« Béni soit Dieu, le Père de notre Seigneur Jésus-Christ ! Selon sa grande miséricorde, il nous a régénérés pour une espérance vivante, par la résurrection de Jésus-Christ d'entre les morts » (1 Pierre 1:3).* Cette espérance vivante ne se contente pas de promettre une récompense future, elle soutient et renforce le croyant dans son combat quotidien contre le péché.

La lutte contre les tentations et les faiblesses personnelles est rendue plus supportable et significative lorsque l'on est animé par l'espérance en la promesse de Dieu. En effet, la perspective de la victoire finale et de la récompense éternelle rend les efforts pour mener une vie sainte non seulement possibles mais désirables. Cette motivation transcende les frustrations immédiates et offre une vision claire de l'objectif spirituel, renforçant ainsi la détermination à vivre selon les préceptes divins.

La Sainteté comme Réflexion de l'Espérance de la Nouvelle Création

La sainteté en Christ est également une manifestation de l'espérance en la nouvelle création promise. L'apôtre Paul affirme : *« Si quelqu'un est en Christ, il est une nouvelle création. Les choses anciennes sont passées ; voici, toutes choses sont devenues nouvelles » (2 Corinthiens 5:17).* Cette nouvelle identité, fondée sur l'espérance en la transformation complète que Dieu accomplira à la fin des temps, devient un modèle pour la vie chrétienne actuelle.

La vie chrétienne est marquée par une transformation progressive qui reflète la réalité de la nouvelle création. Les croyants, en se conformant à l'image du Christ, témoignent de leur espérance en la perfection future. Cette sainteté, alors, n'est pas seulement un but à atteindre mais une démonstration tangible de la foi en la promesse divine de régénération et de renouvellement total.

L'Espérance et l'Inspiration pour la Croissance Spirituelle

L'espérance chrétienne nourrit la croissance spirituelle en offrant une vision inspirante et motivante de l'avenir. Les croyants sont invités à se *« fortifier dans le Seigneur, et dans la puissance de sa force » (Éphésiens 6:10)*, ce qui implique une dépendance continue à Dieu pour avancer dans la sainteté. Cette croissance spirituelle est facilitée par une vision claire de l'horizon eschatologique, où chaque étape de la sanctification est vue à travers le prisme de la gloire à venir.

L'espérance, en orientant les croyants vers la plénitude divine future, inspire une quête incessante de la sainteté dans le présent. En se fixant sur le but ultime, les chrétiens sont encouragés à persévérer dans leur marche avec Dieu, à chercher la perfection et à vivre en conformité avec les principes divins. La sainteté devient ainsi non seulement une aspiration personnelle mais un reflet vivant de l'espérance céleste.

L'Espérance et le Témoignage Public de la Sainteté

Enfin, l'espérance chrétienne engendre un témoignage public puissant de la sainteté. L'apôtre Paul exhorte les croyants à *« briller comme des lumières dans le monde »* *(Philippiens 2:15)*, un appel qui trouve sa source dans la perspective eschatologique. La vie des croyants, transformée par l'espérance, devient une déclaration visible de la réalité de la foi en Christ.

Ce témoignage n'est pas limité à des actes individuels mais se manifeste également dans la manière dont les croyants interagissent avec le monde. Une vie de sainteté inspirée par l'espérance divine offre une lumière dans les ténèbres et un contraste frappant avec les valeurs de ce monde. Ce reflet de la gloire de Dieu attire les autres vers la vérité de l'Évangile, confirmant ainsi la puissance transformante de l'espérance chrétienne.

En somme, l'espérance chrétienne est bien plus qu'une attente passive d'un avenir glorieux ; elle est une force dynamique et purificatrice qui incite les croyants à une vie de sainteté. En fixant leurs regards sur la gloire promise et en vivant selon les standards divins, les chrétiens manifestent la réalité de leur espérance à travers une vie transformée. La sainteté devient ainsi une réponse vivante à l'espérance, une motivation pour la pureté morale et spirituelle, et un témoignage puissant de la vérité de l'Évangile. En embrassant cette espérance, les croyants trouvent non seulement une vision pour leur vie mais une source constante d'inspiration et de transformation personnelle, reflétant ainsi la grandeur et la bonté de Dieu.

9.3. Vivre en Préparation pour l'Avenir Glorieux

La vie chrétienne, éclairée par l'espérance, s'inscrit dans une dynamique de préparation active, où chaque instant devient une occasion de se conformer davantage à l'image du Christ. Cette préparation ne se limite pas à un simple ajustement moral ou à une éthique de vie ; elle est une orientation entière de l'être vers la gloire future qui attend les croyants. Dans cette perspective, vivre en préparation pour l'avenir glorieux signifie habiter le temps présent avec une intensité spirituelle qui transcende les limites du monde visible.

Le chrétien, en portant son regard vers l'avenir éternel, est appelé à ajuster sa vie non seulement selon les exigences de la sainteté, mais aussi selon les promesses qui illuminent son horizon. L'apôtre Paul exhorte les croyants à se comporter *« d'une manière digne de Dieu, qui vous appelle à son royaume et à sa gloire » (1 Thessaloniciens 2:12)*. Cet appel à la dignité ne se contente pas de normes extérieures, mais invite à une transformation intérieure profonde, où l'âme, en dialogue constant avec l'Esprit, se prépare pour la rencontre ultime avec son Créateur.

Une Vie Marquée Par la Révérence et la Solennité

Vivre en préparation pour l'avenir glorieux implique de cultiver une conscience aiguë de la grandeur de ce qui est à venir. La perspective de l'éternité infuse dans la vie chrétienne une solennité sacrée, un sens profond de révérence devant la sainteté de Dieu. Le croyant, en anticipant le jour où il sera introduit dans la pleine présence de son Seigneur, est incité à vivre chaque moment dans un esprit de vénération et de crainte respectueuse. Ce sens de la révérence ne génère pas une peur servile, mais une conscience humble de la majesté divine et de l'immensité du don qui a été fait en Christ.

L'auteur de l'Épître aux Hébreux rappelle l'importance de cette attitude en écrivant : « *C'est pourquoi, recevant un royaume inébranlable, montrons notre reconnaissance en rendant à Dieu un culte qui lui soit agréable, avec piété et avec crainte, car notre Dieu est aussi un feu dévorant* » (Hébreux 12:28-29). Ici, la piété s'associe à la crainte dans un culte quotidien rendu à Dieu, où chaque acte, chaque pensée est empreint de la conscience de l'avenir glorieux qui attend le croyant. Cette attitude de révérence transforme la vie chrétienne en un sanctuaire vivant, où l'âme se prépare activement à entrer dans le royaume éternel.

La Réforme de l'Esprit et du Caractère

Préparer son âme pour l'avenir glorieux, c'est également entrer dans une dynamique de réforme continue de l'esprit et du caractère. Dans cette démarche, l'espérance agit comme une force motrice, propulsant le croyant dans un processus de renouvellement constant. Cette réforme spirituelle ne se contente pas de combattre les défauts superficiels ; elle plonge profondément dans le cœur de l'individu, cherchant à éradiquer toute forme de corruption et à élever l'âme vers une pureté digne de l'éternité.

L'apôtre Paul parle de cette transformation en termes de métamorphose : « *Ne vous conformez pas au siècle présent, mais soyez transformés par le renouvellement de l'intelligence, afin que vous discerniez quelle est la volonté de Dieu, ce qui est bon, agréable et parfait* » (Romains 12:2). Cette transformation est une œuvre intérieure de l'Esprit, qui affine et modèle le caractère du croyant pour qu'il soit conforme à la volonté divine. C'est une préparation active, où l'individu, conscient de la proximité de l'éternité, s'engage dans un cheminement de réforme spirituelle profonde, cherchant à revêtir l'homme nouveau créé selon Dieu (Éphésiens 4:24).

Une Vie Marquée Par le Dépouillement du Superflu

Vivre en préparation pour l'avenir glorieux implique également un dépouillement radical de tout ce qui est superflu, de tout ce qui distrait ou retarde la course vers l'éternité. Le chrétien est appelé à se défaire des attachements terrestres, à renoncer aux ambitions vaines et à purifier ses désirs, afin de se concentrer entièrement sur ce qui a une valeur éternelle. L'évangile de Matthieu résonne de cet appel : *« Ne vous amassez pas des trésors sur la terre, où la teigne et la rouille détruisent, et où les voleurs percent et dérobent ; mais amassez-vous des trésors dans le ciel »* (Matthieu 6:19-20).

Le dépouillement ne signifie pas un ascétisme stérile, mais une réorientation des priorités. Le croyant, en se délestant du poids des préoccupations mondaines, trouve une liberté nouvelle pour se consacrer pleinement à la quête de Dieu et à la préparation de son âme pour l'avenir glorieux. C'est une vie de simplicité radicale, où l'essentiel prend le pas sur le superficiel, où chaque choix est orienté vers l'éternité. Ce dépouillement est en soi une préparation, un affinement du caractère, qui libère le croyant des fardeaux inutiles et le prépare à entrer dans la gloire divine sans entrave.

Un Témoignage de la Gloire Future

La vie en préparation pour l'avenir glorieux devient un puissant témoignage de la gloire à venir. Le chrétien, par sa manière de vivre, par sa piété, et par son engagement à se conformer à l'image de Christ, devient un signe vivant de l'espérance qui l'habite. Ce témoignage n'est pas seulement verbal ; il est incarné dans chaque aspect de l'existence. Comme l'écrit Paul, *« vous êtes manifestement une lettre de Christ, écrite par notre ministère, non avec de l'encre, mais avec l'Esprit du Dieu vivant, non sur des tables de pierre, mais sur des tables de chair, sur les cœurs »* (2 Corinthiens 3:3).

Cette vie, qui anticipe l'avenir glorieux, est un reflet de la lumière divine dans un monde souvent sombre. Chaque acte de foi, chaque geste de bonté, chaque parole de vérité devient une flamme qui éclaire la voie de ceux qui sont encore dans l'obscurité. Le croyant, en vivant en préparation pour l'éternité, devient un porteur de lumière, un témoin de la réalité invisible mais certaine du royaume de Dieu. Ce témoignage est à la fois une responsabilité et un privilège, car il donne au monde un avant-goût de la gloire à venir.

En somme, vivre en préparation pour l'avenir glorieux est une invitation à habiter le présent avec une intensité spirituelle qui transcende les limites du temps et de l'espace. C'est une vie marquée par la révérence, la réforme intérieure, le dépouillement du superflu, et une communion profonde avec Dieu. C'est une existence où chaque moment devient une occasion de se conformer davantage à l'image du Christ, en anticipant avec joie l'éternité qui s'annonce. Cette préparation n'est pas une tâche optionnelle, mais une nécessité impérieuse pour tous ceux qui aspirent à entrer dans la plénitude de la gloire divine. Le croyant, en vivant ainsi, non seulement se prépare pour l'avenir glorieux, mais il devient également un témoin puissant de la réalité de ce qui est à venir. Chaque jour, chaque choix, chaque action devient un reflet de l'espérance vivante qui l'habite, un témoignage silencieux mais éloquent de la promesse de l'éternité. C'est ainsi que la vie chrétienne, orientée vers l'avenir glorieux, devient non seulement une préparation personnelle, mais aussi une invitation à d'autres à rejoindre cette quête vers la gloire éternelle.

L'Espérance De l'Avenir

Chapitre 10

L'Espérance Triomphante : La Victoire Finale en Christ

10.1 La victoire sur le péché et la mort

La victoire sur le péché et la mort constitue le fondement même de l'espérance chrétienne. Sans cette victoire, toute espérance serait vaine et le message de l'Évangile serait dépourvu de sa force transcendante. En effet, c'est dans l'accomplissement de cette victoire que nous découvrons non seulement le triomphe glorieux de Christ, mais aussi la promesse certaine de notre propre délivrance des chaînes du péché et de la mort. Cette victoire est la clé qui assure notre libération ultime, modifiant profondément notre condition et consolidant notre espérance en une certitude inébranlable. Elle nous offre une perspective éternelle où, libérés de l'emprise du péché et de la mortalité, nous vivons dans la lumière de la victoire de Christ, apportant ainsi une dimension de foi renouvelée et de confiance indéfectible dans l'accomplissement des promesses divines.

Le péché : Un ennemi vaincu

Le péché est, depuis la chute de l'humanité, le fléau qui a empoisonné la création tout entière, séparant l'homme de Dieu et l'entraînant dans une spirale de désespoir et de mort. En raison du péché, l'humanité a été soumise à la malédiction de la mort spirituelle, morale et physique. Cependant, dès le commencement, Dieu a promis un rédempteur qui briserait cette malédiction et restaurerait la communion avec Lui.

L'apôtre Paul, dans sa lettre aux Romains, affirme avec force cette vérité : *« Car tous ont péché et sont privés de la gloire de Dieu » (Romains 3:23)*. Le péché est un état universel, un héritage transmis de génération en génération depuis Adam. Mais cette condamnation n'était pas le dernier mot. En effet, l'Écriture nous rappelle que « là où le péché a abondé, la grâce a surabondé » (Romains 5:20).

La grâce de Dieu s'est manifestée de manière éclatante en Jésus-Christ, le second

Adam, qui a pris sur lui le poids de notre péché. Sur la croix, il a porté nos transgressions, brisant ainsi le pouvoir du péché. Paul déclare : « *Celui qui n'a point connu le péché, il l'a fait devenir péché pour nous, afin que nous devenions en lui justice de Dieu* » *(2 Corinthiens 5:21).* Cette substitution divine est le cœur du message de l'Évangile : par la mort de Christ, nous sommes libérés du joug du péché.

Mais cette victoire ne se limite pas seulement à une dimension légale ou théologique. Elle a une répercussion directe sur notre vie quotidienne. Le péché, bien qu'encore présent dans ce monde, n'a plus d'emprise définitive sur ceux qui sont en Christ. Paul s'exclame dans *Romains 6:14* : « *Car le péché n'aura point de pouvoir sur vous, puisque vous êtes, non sous la loi, mais sous la grâce.* » Par l'œuvre de l'Esprit, nous sommes en mesure de vivre une vie nouvelle, libérée des chaînes du péché.

Le Christ ressuscité offre à chacun la puissance de vaincre le péché dans la vie quotidienne. L'auteur de l'épître aux Hébreux nous encourage : « *Courons avec persévérance dans la carrière qui nous est ouverte, ayant les regards sur Jésus, le chef et le consommateur de la foi* » *(Hébreux 12:1-2).* En fixant nos regards sur le Christ ressuscité, nous trouvons en lui non seulement l'exemple parfait, mais aussi la force nécessaire pour vivre une vie qui honore Dieu, malgré les tentations et les épreuves.

La mort : L'ultime ennemi anéanti

Si le péché est le bourreau de l'humanité, la mort en est le funeste bourreau. Elle est l'ultime conséquence du péché, une séparation définitive qui inspire une terreur inégalée dans le cœur des hommes. Mais dans l'économie divine, même la mort n'a pas le dernier mot. En Christ, elle est transformée d'une sentence en une porte d'entrée vers la vie éternelle.

La victoire sur la mort est proclamée de manière triomphante dans la résurrection de Jésus-Christ. Comme l'écrit Paul : « *Mais maintenant, Christ est ressuscité des morts, il est les prémices de ceux qui sont morts* » *(1 Corinthiens 15:20).* Par sa résurrection, Christ a inauguré une ère nouvelle, où la mort n'est plus la fin, mais un passage vers la plénitude de la vie en Dieu. La résurrection de Christ n'est pas seulement un événement historique, mais la promesse et la garantie de notre propre résurrection.

L'apôtre Paul, dans sa magistrale défense de la résurrection, écrit aux Corinthiens : « *Le dernier ennemi qui sera détruit, c'est la mort* » *(1 Corinthiens 15:26).* Et il continue, dans une déclaration de foi éclatante : *« Ô mort, où est ta victoire ? Ô mort, où est ton aiguillon ? »* (1 Corinthiens 15:55). Par la résurrection de Christ, la mort a perdu son pouvoir de terreur. Elle est maintenant vue comme un ennemi vaincu, attendant son anéantissement final lors du retour glorieux de Christ.

La victoire sur la mort est au cœur de l'espérance chrétienne. Elle transforme notre perspective sur la vie et sur l'éternité. Le croyant n'a plus à craindre la mort comme une fin tragique, mais peut l'affronter avec l'assurance que, en Christ, la vie éternelle l'attend. Comme l'affirme Jésus lui-même : *« Je suis la résurrection et la vie. Celui qui croit en moi vivra, quand même il serait mort »* (Jean 11:25).

L'assurance de la victoire en Christ

Cette victoire sur le péché et la mort n'est pas seulement une promesse future, mais une réalité présente que nous sommes appelés à vivre. Le triomphe de Christ est non seulement une garantie de la vie à venir, mais aussi une source de puissance pour notre vie quotidienne. En Christ, nous sommes *« plus que vainqueurs par celui qui nous a aimés »* (Romains 8:37).

Cette assurance est renforcée par la promesse que rien ne peut nous séparer de l'amour de Dieu en Jésus-Christ. Paul, dans un crescendo d'assurance, déclare : *« Ni la mort ni la vie, ni les anges ni les dominations, ni les choses présentes ni les choses à venir, ni les puissances, ni la hauteur, ni la profondeur, ni aucune autre créature, ne pourra nous séparer de l'amour de Dieu manifesté en Jésus-Christ notre Seigneur »* (Romains 8:38-39).

Cette conviction profonde alimente l'espérance du croyant. Même au milieu des épreuves, des souffrances et des pertes, cette espérance ne faiblit pas. Elle repose sur la victoire irrévocable de Christ, qui a vaincu la mort et a promis de partager cette victoire avec tous ceux qui mettent leur foi en lui.

Le triomphe de Christ sur le péché et la mort est aussi la base de notre témoignage dans le monde. C'est cette espérance vivante que nous proclamons, une espérance qui transcende les circonstances et qui offre une réponse aux questions les plus profondes de l'humanité. Nous sommes appelés à être des témoins de cette victoire, non seulement par nos paroles, mais aussi par la manière dont nous vivons, en manifestant la puissance du Christ ressuscité dans notre quotidien.

Vers la victoire finale

La victoire sur le péché et la mort que Christ a accomplie à la croix et dans sa résurrection est une anticipation de la victoire finale qui sera pleinement manifestée à son retour. En attendant ce jour glorieux, nous vivons dans l'espérance, sachant que le Christ a déjà triomphé et que son triomphe sera un jour pleinement révélé à tous.

L'apôtre Jean, dans sa vision de l'Apocalypse, nous offre un aperçu de cette victoire finale : *« Puis je vis un ciel nouveau et une terre nouvelle ; car le premier ciel et la première terre avaient disparu, et la mer n'était plus. [...] Et la mort ne sera plus ; et il n'y aura plus ni deuil, ni cri, ni douleur, car les premières choses ont disparu » (Apocalypse 21:1,4).*

Cette vision d'un monde renouvelé, où la mort est éradiquée et où le péché n'existe plus, est la destination ultime de l'espérance chrétienne. C'est vers ce jour que nous nous dirigeons, avec la certitude que, en Christ, nous avons déjà été rendus participants de cette victoire.

Enfin,La victoire sur le péché et la mort est au cœur de l'Évangile et de l'espérance chrétienne. Elle transforme notre compréhension de la vie, de la mort et de l'éternité. En Christ, nous avons l'assurance que le péché n'a plus de pouvoir sur nous et que la mort a été vaincue. Cette victoire, que nous expérimentons en partie maintenant, sera pleinement réalisée à la fin des temps, lorsque Christ reviendra pour établir son règne éternel.

C'est dans cette espérance que nous vivons, que nous persévérons et que nous témoignons. Et c'est cette espérance que nous proclamons au monde, une espérance qui ne déçoit jamais, car elle est fondée sur le triomphe de Christ, notre Seigneur et Sauveur.

10.2 Le Triomphe de Christ à la Fin des Temps

À la fin des temps, le mystère de la rédemption s'accomplira dans une révélation ultime et glorieuse : le triomphe de Christ sur toutes les puissances du mal, sur la corruption du monde, et sur la mort elle-même. Ce moment tant attendu marquera l'apogée de l'histoire de l'humanité, où la promesse divine sera pleinement réalisée. La Bible, depuis les prophètes de l'Ancien Testament jusqu'aux écrits apocalyptiques du Nouveau Testament, n'a cessé de proclamer la victoire finale de Christ. C'est une victoire qui transcende notre compréhension humaine, mais qui est néanmoins ancrée dans la certitude des Écritures, une victoire éternelle qui confirmera la souveraineté absolue de Dieu sur toutes choses.

La Convergence des Prophéties

Le triomphe final de Christ est le couronnement des prophéties eschatologiques, un événement où chaque promesse divine trouvera son accomplissement. Depuis la Genèse, lorsque Dieu annonce à Adam et Ève qu'un descendant écrasera la tête du serpent (Genèse 3:15), jusqu'à l'Apocalypse, où Jean décrit la victoire du Seigneur sur la bête et ses armées (Apocalypse 19:19-21), les Écritures dessinent une fresque grandiose du plan de Dieu. Chaque prophétie, chaque vision donnée aux prophètes converge vers ce moment décisif où Christ, le Roi des rois, se lèvera pour régner avec une justice parfaite.

Il est essentiel de comprendre que cette victoire ne se limite pas à une conquête militaire ou à une revanche terrestre. C'est une victoire spirituelle, cosmique, qui redressera toutes les injustices, purifiera la création, et mettra fin aux pouvoirs du mal. C'est la restauration ultime de l'ordre divin, un retour à l'intention première de Dieu pour la création : un monde où règne la paix, la justice et l'amour parfait.

Le Jugement Juste et Saint

L'une des scènes les plus redoutables et solennelles de cette victoire est le Jugement dernier. C'est là que Christ, dans sa gloire infinie, siègera sur son trône pour juger les vivants et les morts. Le Jugement dernier, loin d'être une simple rétribution punitive, est l'acte final de la justice divine, où chaque acte, chaque parole, chaque intention du cœur sera mise en lumière (Matthieu 12:36). C'est la pleine manifestation de la sainteté de Dieu, qui ne peut tolérer le péché et qui doit, par nécessité divine, rendre un jugement juste.

Ce jour-là, toutes les nations seront rassemblées devant le trône blanc, et les livres seront ouverts. Pour ceux qui sont en Christ, c'est un jour de rédemption finale, où ils seront déclarés justes par la foi en l'Agneau immolé (Romains 5:9). Pour ceux qui ont rejeté l'Évangile, ce sera un jour de terreur, de regret éternel, où ils découvriront la gravité de leur rébellion. Pourtant, même dans ce jugement, la miséricorde de Dieu sera visible, car chaque personne sera jugée avec une justice parfaite, sans partialité, selon la vérité éternelle.

La Nouvelle Jérusalem : Le Triomphe Manifesté

La vision du triomphe de Christ se poursuit avec la descente de la Nouvelle Jérusalem, un moment où le ciel et la terre seront réunis dans une harmonie parfaite. Jean décrit cette cité comme étant préparée comme une épouse pour son époux, rayonnante de la gloire de Dieu (Apocalypse 21:2). La Nouvelle Jérusalem n'est pas simplement une ville, mais la manifestation tangible de la victoire de Christ, le lieu où Dieu habitera pour toujours avec son peuple. Cette cité, faite de pierres précieuses et d'or pur, reflète la sainteté et la beauté de Dieu, une demeure éternelle où la mort, le deuil, les pleurs et la douleur n'existeront plus (Apocalypse 21:4).

C'est dans cette Nouvelle Jérusalem que la victoire de Christ sera pleinement appréciée. Les portes de la cité ne seront jamais fermées, car il n'y aura plus de nuit, plus de peur, plus d'insécurité. La lumière de la gloire de Dieu illuminera continuellement la ville, et les nations marcheront à sa lumière. Les serviteurs de Dieu régneront avec lui pour l'éternité, servant dans un culte perpétuel, vivant dans la plénitude de la communion avec le Créateur. Ce règne éternel est le sommet de la rédemption, où tout sera parfaitement restauré, où le shalom de Dieu, cette paix parfaite, régnera sans fin.

La Défaite des Ennemis de Dieu

L'une des images les plus puissantes du triomphe de Christ est la défaite totale et irrévocable de tous les ennemis de Dieu. Satan, l'instigateur de la rébellion, sera lié et jeté dans l'étang de feu, où il ne pourra plus jamais tenter ou corrompre l'humanité

(Apocalypse 20:10). Les puissances démoniaques, les royaumes de ce monde qui se sont opposés à Dieu, seront anéantis. C'est un moment de libération cosmique, où le mal ne pourra plus jamais souiller la création de Dieu.

Le triomphe de Christ ne se limite pas à l'élimination de ses ennemis ; il s'étend également à la rédemption de toute la création. L'univers lui-même, qui a été soumis à la vanité à cause du péché, sera libéré de la corruption (Romains 8:21). La nature entière sera restaurée dans une splendeur que nous ne pouvons qu'imaginer. Les montagnes, les océans, les forêts, et chaque créature vivante chanteront la gloire du Seigneur dans une symphonie éternelle de louange.

La Plénitude de la Rédemption

En Christ, tout sera réconcilié avec Dieu. Le triomphe de Christ marque l'achèvement du grand dessein rédempteur, où toute chose sera soumise sous ses pieds (1 Corinthiens 15:27). Cette réconciliation universelle ne signifie pas une acceptation de tout, mais plutôt la restauration de tout ce qui est en accord avec la volonté parfaite de Dieu. Les cieux et la terre seront renouvelés, et la nouvelle création resplendira de la gloire du Seigneur.

Ce triomphe est la pleine révélation de l'amour de Dieu, un amour qui a été manifesté en Jésus-Christ, qui a souffert et est mort pour racheter l'humanité. C'est un amour qui triomphe de la mort, qui vainc le péché, et qui inaugure un royaume où règnent la justice, la paix, et la joie dans le Saint-Esprit (Romains 14:17). Ce triomphe final est la confirmation que l'amour de Dieu ne faillit jamais, et que rien ne pourra jamais nous séparer de cet amour en Christ Jésus notre Seigneur (Romains 8:39).

L'Éternelle Adoration de Christ

Au centre de ce triomphe se trouve l'adoration éternelle du Christ glorifié. Tout genou fléchira, et toute langue confessera que Jésus-Christ est Seigneur, à la gloire de Dieu le Père (Philippiens 2:10-11). L'adoration du Christ ne sera plus entravée par le péché ou l'ignorance. Ce sera une adoration parfaite, pure, où chaque créature dans les cieux et sur la terre chantera à l'unisson : "*Digne est l'Agneau qui a été immolé de recevoir puissance, richesse, sagesse, force, honneur, gloire et louange !" (Apocalypse 5:12).*

Le triomphe de Christ se manifeste donc non seulement dans la défaite de ses ennemis et la restauration de la création, mais aussi dans l'adoration ininterrompue qui lui sera rendue. C'est une adoration qui est l'expression de la joie parfaite, de la reconnaissance infinie, et de l'amour absolu pour celui qui a tout donné pour notre salut.

Le Triomphe Eternel

Le triomphe de Christ à la fin des temps n'est pas simplement un événement futur ; il est la réalisation finale du plan divin qui a commencé avant la fondation du monde. C'est le point culminant de l'histoire, où le Royaume de Dieu sera établi pour l'éternité, et où ceux qui ont mis leur foi en Christ partageront dans ce triomphe. C'est une victoire qui ne pourra jamais être renversée, une victoire qui établit Christ comme le Roi des rois et Seigneur des seigneurs pour toujours.

Dans cette victoire, les croyants trouvent leur espérance ultime, non seulement pour ce monde, mais pour l'éternité. Une espérance qui est sûre, ancrée dans la promesse immuable de Dieu, et qui se réalisera pleinement lorsque nous verrons Christ face à face, et que nous règnerons avec lui dans la gloire éternelle.

Ce triomphe est l'aboutissement de l'œuvre de la rédemption, l'accomplissement de toutes les promesses de Dieu, et l'inauguration d'un règne éternel de justice, de paix et de joie. En cela, nous trouvons la véritable signification de l'espérance chrétienne. Ce n'est pas une espérance incertaine ou vacillante, mais une espérance ferme, enracinée dans la victoire assurée de Christ. C'est une espérance qui transcende les épreuves de ce monde, car elle est ancrée dans la réalité de ce triomphe ultime et éternel. Chaque moment de souffrance, chaque épreuve traversée, trouve son sens à la lumière de cette victoire finale.

Cette espérance nous appelle à vivre dans une anticipation joyeuse, sachant que le triomphe de Christ est déjà acquis, bien que son plein accomplissement soit encore à venir. C'est une espérance active, qui nous pousse à persévérer, à avancer avec foi, car nous savons que la gloire qui sera révélée en nous dépasse de loin les souffrances présentes (Romains 8:18). En Christ, la victoire est non seulement certaine, mais elle est aussi notre héritage, un héritage impérissable, sans souillure, et inaltérable, réservé dans les cieux pour nous (1 Pierre 1:4).

Le triomphe de Christ est la source de notre espérance, et cette espérance transforme notre vie quotidienne. Elle nous donne la force de résister aux tentations, le courage de proclamer l'Évangile, et la détermination de vivre pour la gloire de Dieu. C'est une espérance qui éclaire notre chemin, qui guide nos choix, et qui nous prépare pour cette rencontre finale avec notre Seigneur.

Ainsi, le triomphe de Christ à la fin des temps n'est pas seulement un événement futur à espérer, mais une réalité présente qui influence et façonne chaque aspect de notre vie. Nous vivons avec l'assurance que la victoire est déjà remportée, et que nous partageons déjà, en partie, dans cette victoire par notre union avec Christ. Cette union avec le Christ ressuscité nous garantit que, comme Lui, nous triompherons de la mort et du péché, et que nous entrerons dans la gloire de Son Royaume éternel.

C'est pourquoi, même au milieu des épreuves, des persécutions, et des tribulations de ce monde, nous ne perdons pas courage. Car notre espérance ne repose pas sur les circonstances changeantes de cette vie, mais sur le Christ, l'Alpha et l'Oméga, le Commencement et la Fin (Apocalypse 22:13). *Celui qui a commencé une bonne œuvre en nous la mènera à son terme jusqu'au jour de Jésus-Christ (Philippiens 1:6).*

Dans cette perspective, chaque étape de notre cheminement chrétien prend un sens nouveau. Nous ne marchons pas vers une fin incertaine, mais vers une victoire glorieuse. Nous ne combattons pas comme ceux qui sont sans espoir, mais comme ceux qui savent que la bataille a déjà été gagnée. Nous vivons avec la pleine assurance que, quoi qu'il arrive, rien ne pourra nous séparer de l'amour de Dieu manifesté en Jésus-Christ notre Seigneur (Romains 8:38-39).

En fin de compte, le triomphe de Christ est l'accomplissement ultime de l'histoire de la rédemption, l'achèvement de toutes les promesses divines, et la réalisation de la gloire de Dieu. C'est en Christ que toutes choses trouvent leur but et leur achèvement. En Lui, nous voyons la fin de tout mal, la restauration de tout ce qui est bon, et l'avènement d'un Royaume qui ne passera jamais. Ce triomphe final, bien que futur, est déjà inscrit dans les cieux, gravé dans le cœur même du dessein de Dieu. Il est le point culminant vers lequel toute la création tend, la réalité vers laquelle toute notre espérance converge. Et dans cette victoire, nous trouverons non seulement la fin de nos luttes, mais le commencement d'une nouvelle ère, où la gloire de Dieu remplira tout l'univers, et où nous vivrons pour toujours dans la lumière de Sa présence.

Ainsi, en contemplant le triomphe de Christ, nous sommes appelés à renouveler notre espérance, à fortifier notre foi, et à persévérer dans l'amour, sachant que notre travail dans le Seigneur n'est pas vain (1 Corinthiens 15:58). Le triomphe de Christ est notre

assurance;inébranlable,;notre;joyau;précieux,;l'ancre;de;notre;âme,;sûre;et;solide,;qui;
pénètre;au-delà;du;voile;(Hébreux;6:19).;C'est;en;Lui;que;nous;plaçons;toute;notre;
confiance,;car;Il;est;fidèle,;Celui;qui;a;promis;(Hébreux;10:23).

Le;triomphe;de;Christ;est;la;preuve;éclatante;de;l'invincibilité;du;plan;divin.;C'est;la;
démonstration;que;l'amour;de;Dieu;triomphe;de;tout,;même;de;la;mort.;Et;c'est;dans;
cette;victoire;que;nous;trouvons;notre;repos,;notre;paix,;et;notre;joie;éternelle.;Le;
triomphe;de;Christ;est;notre;victoire,;c'est;la;proclamation;que,;finalement,;tout;est;
accompli;(Jean;19:30),;et;que,;dans;la;gloire;éternelle,;nous;régnerons;avec;Lui;pour;
toujours;et;à;jamais.

10.3 Régner avec Christ dans la gloire éternelle

À;la;lumière;de;l'espérance;chrétienne,;nous;nous;apprêtons;à;franchir;le;seuil;sublime;
de;la;gloire;éternelle,;où;la;réalité;dépasse;l'imaginaire;et;où;les;promesses;divines;se;
manifestent;dans;toute;leur;splendeur.;Le;règne;avec;Christ;dans;l'éternité;est;la;
destinée;ultime;que;les;croyants;attendent;avec;une;impatience;sacrée,;une;réalité;qui;
transcende;les;limites;du;temporel;et;plonge;dans;l'infini;de;la;grandeur;divine.

La Majesté du Règne de Christ

Dans;la;vision;grandiose;de;l'Apocalypse,;Jean;nous;invite;à;contempler;le;trône;céleste,;
«;Et;le;trône;de;Dieu;et;de;l'Agneau;est;dans;la;ville;,;et;ses;serviteurs;le;serviront,»
(Apocalypse;22:3).;Ce;trône,;symbole;de;la;souveraineté;suprême,;est;entouré;d'une;
lumière;éclatante,;un;éclat;qui;représente;la;pureté,;la;justice;et;la;puissance;infinie;du;
Seigneur.;Christ,;le;Roi;des;rois,;exerce;un;règne;qui;n'a;ni;commencement;ni;fin,;une;
domination;parfaite;qui;transcende;les;limites;de;notre;compréhension.;En;entrant;dans;
la;gloire;éternelle,;nous;ne;sommes;pas;simplement;témoins;de;cette;majesté,;mais;
nous;y;participons,;unissant;nos;voix;aux;chœurs;célestes;dans;une;louange;incessante.

La Communion Divine et la Rédemption

La Communion Divine et la Rédemption

Le règne avec Christ est une communion intime et éternelle avec Celui qui a tout créé et qui a tout racheté. Paul nous assure que *« Si nous souffrons avec lui, nous régnerons aussi avec lui » (2 Timothée 2:12)*. Cette communion est le fruit de la rédemption accomplie par le sacrifice de Jésus, qui a fait tomber les barrières entre le créateur et la créature. Dans cette communion, nous découvrons la profondeur de l'amour divin et la plénitude de la grâce. La promesse de régner avec Christ est aussi une promesse d'une intimité parfaite avec Dieu, où chaque souffle de notre existence est imprégné de Sa présence divine.

La Récompense Éternelle et la Plénitude de la Gloire

La promesse de régner avec Christ est également une promesse de récompense infinie. Jean nous rappelle cette vérité dans l'Apocalypse : *« Celui qui vaincra, je le ferai asseoir avec moi sur mon trône, comme moi j'ai vaincu et je me suis assis avec mon Père sur son trône » (Apocalypse 3:21)*. Cette récompense est un témoignage de la fidélité et de la persévérance, une couronne de gloire qui est offerte à ceux qui ont marché dans les voies du Seigneur avec fidélité et amour. C'est une récompense qui transcende les limites du monde matériel et entre dans la dimension spirituelle de la plénitude de la gloire divine.

L'Unité avec Dieu et la Lumière Éternelle

Dans l'éternité, nous expérimenterons une unité parfaite avec Dieu, où la lumière divine illuminera nos vies de manière perpétuelle. *« Et il n'y aura plus de nuit ; et ils n'auront besoin ni de lampe, ni de lumière du soleil, car le Seigneur Dieu les illuminera » (Apocalypse 22:5)*. Cette lumière n'est pas seulement physique, mais spirituelle, une illumination qui pénètre les profondeurs de notre être, apportant une compréhension et une communion que nous ne pouvons pleinement saisir dans notre état actuel. C'est une lumière qui dissipe toutes les ombres et qui révèle la vérité et la beauté divines dans toute leur splendeur.

La Transformation et l'Inépuisable Espoir

À la fin des temps, la transformation complète de notre être sera accomplie. Nous serons entièrement transformés à l'image du Christ glorifié, partageant Sa victoire et Sa gloire. *« Nous savons que, quand il paraîtra, nous serons semblables à lui, car nous le verrons tel qu'il est » (1 Jean 3:2).* Cette transformation est une promesse d'une nouvelle création où la corruption et le péché sont absents, où la beauté divine se reflète en chaque aspect de notre existence. En régissant avec Christ, nous vivrons une existence qui est la parfaite réalisation de l'espérance, où la joie, la paix et la sainteté se rejoignent dans une harmonie parfaite.

L'Appel à la Préparation Spirituelle

En attendant cette glorieuse réalité, nous sommes appelés à vivre une vie qui reflète notre espérance éternelle. Le Christ nous exhorte à *« Veiller donc, car vous ne savez pas quel jour votre Seigneur viendra » (Matthieu 24:42).* La préparation pour cette gloire éternelle implique une vie de foi active, de dévotion sincère et de service désintéressé. En vivant en accord avec ces principes, nous nous préparons non seulement pour notre propre glorification mais aussi pour la pleine manifestation du royaume de Dieu.

Prière

Seigneur Dieu Tout-Puissant,

Je viens devant Toi avec un cœur rempli de gratitude pour chaque personne qui a pris le temps de lire ce livre. Tu connais chaque lecteur par leur nom, Tu connais leurs luttes, leurs espoirs, et leurs désirs les plus profonds. Je Te demande, ô Seigneur, de toucher leurs cœurs alors qu'ils méditent sur l'espérance qui se trouve en Toi.

Accorde-leur une foi renouvelée, qui transcende les défis de cette vie, et qu'ils puissent trouver en Toi une ancre solide dans les tempêtes de l'existence. Que Ta lumière brille dans leurs ténèbres, que Ta paix calme leurs angoisses, et que Ton amour inonde leurs âmes.

Puisse cette espérance qu'ils ont découvert ou redécouvert ici les soutenir dans leurs moments les plus difficiles, les élever lorsqu'ils se sentent accablés, et les guider sur le chemin de la vie éternelle. Seigneur, aide-les à vivre chaque jour avec la certitude de Ta promesse, à partager cette espérance avec ceux qui les entourent, et à demeurer fidèles jusqu'à ce que nous voyions ensemble Ta gloire dans les cieux.

Je Te les confie, Seigneur, sachant que Tu es fidèle pour accomplir toute bonne œuvre en eux. Que leur vie soit un témoignage éclatant de Ton amour et de Ta grâce.

Au nom de Jésus-Christ, notre Espérance Vivante, je prie.

Amen.

Conclusion

Au terme de ce voyage à travers les profondeurs de l'espérance chrétienne, nous sommes parvenus à une compréhension plus claire de ce que signifie véritablement vivre avec une espérance inébranlable. Cette espérance, ancrée dans les promesses éternelles de Dieu, n'est pas une simple attente passive mais une force active, capable de transformer nos vies et d'illuminer notre chemin, même dans les moments les plus sombres.

Nous avons exploré la nature même de l'espérance, ses fondements bibliques, ses symboles puissants, et les moyens par lesquels elle se manifeste dans nos vies quotidiennes. Nous avons vu que l'espérance ne se contente pas d'exister en isolation, mais qu'elle se nourrit de la communauté chrétienne, qu'elle se partage avec amour, et qu'elle se renforce au travers des épreuves et des tribulations. En Christ, notre espérance trouve son expression la plus haute, car Il est le garant de notre victoire finale.

Ce livre ne vise pas simplement à éduquer, mais à inciter une véritable transformation. Chacun de nous est appelé à vivre cette espérance chaque jour, à la faire rayonner dans notre entourage, et à marcher avec la certitude que notre avenir est entre les mains de Celui qui a vaincu la mort. Le monde peut sembler incertain, les défis peuvent sembler insurmontables, mais l'espérance en Christ transcende toute circonstance.

Comme nous l'avons vu, cette espérance s'étend bien au-delà de cette vie. Elle s'étend à l'éternité, où le croyant jouira de la communion parfaite avec Dieu, où la promesse de la vie éternelle deviendra une réalité glorieuse. Nous ne marchons pas seuls; nous avançons avec la certitude que le Seigneur qui a commencé une œuvre en nous la mènera à son terme, dans la gloire de Son Royaume éternel.

Ainsi, je vous exhorte, chers lecteurs, à faire de cette espérance le fondement de votre vie. Ne laissez rien vous détourner de la victoire finale qui vous est promise. En Christ, notre espérance est triomphante, et c'est avec cette espérance que nous vivons, persévérons, et anticipons avec joie le jour où nous régnerons avec Lui dans la gloire éternelle.

Que l'espérance chrétienne illumine votre vie et vous guide, aujourd'hui et à jamais. Continuez à la poursuivre, à la partager, et à la vivre pleinement, sachant que la victoire finale en Christ est certaine, et que rien ne pourra jamais vous séparer de Son amour.

À Dieu soit la gloire, maintenant et pour l'éternité. Amen.

"À l'aube de chaque jour, la lumière
de l'espérance chrétienne se lève,
révélant les promesses éternelles de
Dieu. Que cette lumière éclaire votre
chemin, vous fortifie dans l'attente, et
vous conduise avec assurance vers
la victoire finale en Christ."

Remerciements

Ce livre est le fruit d'une inspiration divine, et je tiens d'abord à exprimer ma gratitude envers Dieu, dont la grâce infinie a guidé chacun de mes pas tout au long de ce voyage. Sans Sa grâce, je n'aurais jamais pu partager les profondeurs de l'espérance chrétienne.

Je remercie également ma famille et mes amis, dont le soutien indéfectible a été un pilier de force pour moi. À Farah Rouza et Livenson Lemeuble, qui m'ont encouragé avec amour et patience à poursuivre ce projet malgré les défis. Votre foi en moi a été un reflet de l'espérance que j'essaie de transmettre à travers ces pages.

À mes lecteurs, je vous adresse un remerciement spécial. Votre quête de vérité, de lumière, et d'espérance est ce qui a donné vie à ce livre. Vous avez choisi de marcher sur ce chemin avec moi, et je prie que chaque page vous ait rapproché de Celui qui est la source de toute espérance.

Je ne saurais conclure sans remercier tous ceux qui ont, de près ou de loin, contribué à la réalisation de cet ouvrage. Vos conseils, vos prières, et votre soutien ont été inestimables. Que Dieu vous bénisse abondamment.

Que ce livre soit une bénédiction pour tous ceux qui le liront, et que la lumière de l'aube continue de briller dans vos vies, révélant chaque jour l'espérance chrétienne en Christ.

Références Bibliographiques

Livres :

-Keller, Timothy."Pour le meilleur et pour le pire : Espérer en temps de difficulté"

Explore comment l'espérance chrétienne peut nous aider dans les moments difficiles.

- Piper, John. "Vivre avec espoir : Les promesses de Dieu dans notre quotidien"

Discute des promesses de Dieu et de leur impact sur notre vie quotidienne.

- Wright, N.T. "Dieu et l'Espérance : Une nouvelle perspective chrétienne"

Analyse l'espérance dans la foi chrétienne et son influence sur notre compréhension de Dieu.

- Moltmann, Jürgen. "Espérer contre toute espérance : Une théologie de l'espérance"

Propose une réflexion théologique sur l'espérance chrétienne.

- Lewis, C.S. "Les Fondements de l'Espérance : Réflexions chrétiennes"

Examine les bases de l'espérance chrétienne et son application dans la vie quotidienne.

- Boulevard, Paul. "L'Espérance chrétienne : Une vision pour aujourd'hui"

Présente une analyse moderne de l'espérance chrétienne.

- Jean-Baptiste, Marie. "L'Espérance et la Promesse : Une étude chrétienne"

Étudie l'espérance et les promesses dans la foi chrétienne.

Commentaire Bibliques :

- André, Jacques. "L'Espérance dans les Écritures : Perspectives et Études"

Étudie les références bibliques à l'espérance.

- Richard, Sophie. "L'Espérance dans le Nouveau Testament"

Analyse l'espérance dans le Nouveau Testament.

Webographie

https://www.biblegateway.com

https://www.biblia.com

https://www.biblehub.com

https://www.desiringgod.org

https://www.thegospelcoalition.org

https://www.logos.com

https://www.christianitytoday.com

https://www.biblestudytools.com

I want morebooks!

Buy your books fast and straightforward online - at one of world's fastest growing online book stores! Environmentally sound due to Print-on-Demand technologies.

Buy your books online at
www.morebooks.shop

Achetez vos livres en ligne, vite et bien, sur l'une des librairies en ligne les plus performantes au monde!
En protégeant nos ressources et notre environnement grâce à l'impression à la demande.

La librairie en ligne pour acheter plus vite
www.morebooks.shop

Printed by Books on Demand GmbH, Norderstedt / Germany